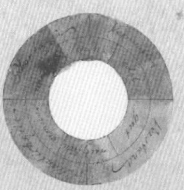

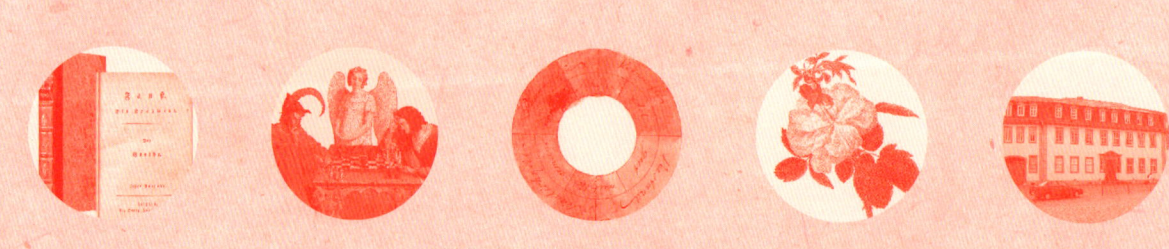

닮고 싶은 창의융합 인재 ⑧ 괴테

닮고 싶은 창의융합 인재
8 괴테

1판 1쇄 인쇄 2017년 2월 10일
1판 1쇄 발행 2017년 2월 20일

곽은우 글 | 홍찬주 그림 | 손영운 기획 | 와이즈만 영재교육연구소 감수

발행처 와이즈만 BOOKs
발행인 임국진
편집인 염만숙
출판문화사업본부장 홍장희
편집 이선아 오성임 서은영 홍다휘
디자인 박영미
제작 김한석
마케팅 김혜원 전소민 유병준

출판등록 1998년 7월 23일 제1998-000170
사용 연령 8세 이상
제조국 대한민국
주소 서울특별시 서초구 남부순환로 2219 방배나노빌딩 3층
전화 마케팅 02-2033-8987 편집 02-2033-8928
팩스 02-3474-1411
전자우편 books@askwhy.co.kr
홈페이지 books.askwhy.co.kr

저작권자ⓒ2017 곽은우 손영운
이 책의 저작권은 곽은우 손영운에게 있습니다.
저자와 출판사의 허락 없이 내용의 일부를 인용하거나 발췌하는 것을 금합니다.

이 도서의 국립중앙도서관 출판시도서목록(CIP)은 서지정보유통지원시스템 홈페이지
(http://seoji.nl.go.kr)와 국가자료공동목록시스템(http://www.nl.go.kr/kolisnet)에서
이용하실 수 있습니다. (CIP제어번호 : CIP2016021705)

* 와이즈만BOOKs는 (주)창의와탐구의 출판 브랜드입니다.

닮고 싶은 창의융합 인재
⑧ 괴테

글 곽은우 | 그림 홍찬주 | 기획 손영운
감수 와이즈만 영재교육연구소

와이즈만 BOOKs

추천의 말

미래의 창의융합 인재들에게 이 책을 추천합니다!

여러분들은 10년 후, 20년 후에 어떤 세상에서 살게 될까요?
사실 어른들도 정확한 답을 알지 못한답니다. 하지만 창의융합 능력을 가진 인재는 미래가 어떻게 변하더라도 이를 슬기롭게 헤쳐 나가는 것은 물론, 오히려 앞장서서 변화를 만들어 나갈 수 있습니다.

창의융합 능력은 다양한 지식과 정보, 경험을 두루두루 활용하여 창의적으로 문제를 해결해 내는 능력입니다. 이런 능력을 키우는 창의융합 인재 교육을 충실히 받고, 스스로 문제 해결을 하는 경험을 쌓아 간다면 어른이 되어서 만나게 될 더 크고 복잡한 문제도 훌륭하게 해결하게 될 것입니다.

여러분이 창의융합 인재로 성장하는 데 꼭 읽어 보라고 추천하고 싶은 책이 있습니다. 바로 와이즈만북스에서 펴낸 〈닮고 싶은 창의융합 인재〉 시리즈입니다. 이 책은 어떤 사람이 내가 본받을 만한 창의융합 인재인지, 어떻게 하면 창의융합 인재가 될 수 있는지 차분히 생각해 볼 수 있도록 주인공의 일생을 한 권에 담아 매우 자세하고 흥미진진하게 이야기를 들려주고 있습니다.

창의성과 융합 능력의 원동력은 호기심이라 할 수 있습니다. 여러분들은 다방면에 호기심을 갖고 다양하게 융합해 보는 시도를 두려워하지 마세요. 또한 앞선 시대에서 호기심과 창의성, 융합 능력을 실천하고 성과를 보여 준 위인들의 삶을 보면서 여러분의 꿈을 키워 보세요. 그리고 여러분이 가진 상상력을 마음껏 표현하고 펼쳐 보이세요. 왜냐하면 여러분이 바로 미래의 창의융합 인재니까요.

한국과학교육단체총연합회 회장 최돈희

감수의 말

이 책이 여러분의 멘토가 되어 드립니다!

최근 우리나라 교육의 화두는 '창의융합 인재'입니다. 하지만 그 의미가 다소 추상적이어서 과연 누가 창의융합 인재이고, 그 능력을 갖추려면 어떤 노력을 해야 할지 모호한 게 사실입니다. 이것에 대한 방향을 명쾌하고 구체적으로 제시해 주는 책이 바로 〈닮고 싶은 창의융합 인재〉 시리즈입니다.

여러분이 창의융합 인재가 되기 위해서는 먼저 창의융합 인재로 우뚝 선 사람들의 삶과 태도를 면밀히 살펴보는 것이 중요합니다. 그런 다음 자신의 강점과 호기심을 발견하고 인재들의 삶에서 본받을 점을 적용하는 것입니다. 〈닮고 싶은 창의융합 인재〉 시리즈는 어린이들의 멘토가 되어 꿈과 가치관 그리고 생활 습관을 스스로 정하고 실천할 수 있도록 돕는 책입니다.

이 시리즈는 인물의 일생을 연대순으로만 나열하는 기존의 위인전과는 다르게, 창의융합적 특성과 핵심 키워드에 따라 주제별로 인물의 일대기를 재구성했습니다. 익숙한 위인을 새로운 시각으로 바라보고, 생각의 자취를 따라 그들의 머릿속으로 들어가 볼 수도 있고, 위대한 업적이 하루아침에 된 게 아니라는 것을 깨달을 수 있습니다. 아울러 한국사·세계사와 함께 보는 연표, 화보로 보는 창의융합 인재 특성, 재미있는 연관 정보, 당대의 주변 사람들의 인물평과 현대에 이어진 영향 등을 다룬 에필로그까지, 읽을거리가 풍성해 역사와 사회를 이해하는 것은 물론 자기계발의 촉진제가 되기에 충분합니다.

이 책을 읽고 많은 친구들이 창의융합 인재들의 삶 속에서 닮고 싶은 점들을 찾아 '내 것'으로 만들기를 바랍니다.

와이즈만 영재교육연구소 소장 *이미경*

기획자의 말

미래가 원하는 진짜 실력자는 '창의융합 인재'입니다!

오른쪽 사진은 2010년, 스티브 잡스가 아이패드를 세상에 처음 소개하는 장면입니다. 그런데 대형 스크린을 채운 이정표에 새겨진 'Technology(기술)'와 'Liberal Arts(인문학)'이라는 글이 눈에 띕니다. 잡스는 아이패드라는 첨단 전자 제품을 소개하는 자리에서 왜 '인문학'이라는 용어를 사용했을까요? 그가 나중에 했던 말을 살펴보면 그 이유를 알 수 있습니다.

"인문학과 결합한 기술, 인간애가 반영된 기술이어야 가슴을 울리는 결과를 만들어 낸다."

오늘날 우리는 잡스가 만든 아이패드와 아이폰으로 철학 강의를 듣고, 소설책을 보고, 클래식 음악을 감상하고, 영화를 봅니다. 그리고 가상 세계에서 친구를 만나 우정을 나누고 연인과 사랑의 약속을 합니다. 잡스의 말대로 아이패드와 아이폰이라는 기술은 온갖 인문학을 담아냈고, 덕분에 우리는 현실과 상상이 마음껏 어울리는 가상 세계를 갖게 되었습니다.

잡스처럼 두 분야 이상을 접목시켜 새로운 것을 창조하는 것을 '창의융합'이라고 합니다. 잡스는 가장 성공적으로 '창의융합'을 하여 사람들에게는 새로운 미래를 보여 주었고, 자신은 큰 명예와 부를 얻었습니다.

앞으로 잡스처럼 '창의융합 정신'이 충만한 사람, 즉 '창의융합 인재'들이 인류의 현재와 미래를 이끌어 나갈 게 분명합니다. 그래서 많은 나라에서 교육의 목표를 창의융합 인재의 양성으로 잡고 있고, 우리나라도 그렇게 나아가고 있습니다.

즉, 정부는 '모든 학생들이 인문·사회·과학 기술에 대한 기초 소양을 함양하여 인문학적 상상력과 과학 기술 창조력을 갖춘 창의융합형 인재로 성장할 수 있도록 우리 교육의 근본적인 패러다임을 전환하고자' 개정 교육 과정을 발표했습니다. 그러면서 '창의융합형 인재'를 '인문학적 상상력', '과학 기술 창조력'을 갖추고 '바른 인성'을 겸비하여 '새로운 지식을 창조'하고 '다양한 지식을 융합'하여 '새로운 가치를 창출'할 수 있는 사람으로 정의했습니다.

정부에서 교육의 목표로 제시한 '창의융합형 인재'란 어떤 사람일까요? 이를 어린이들이 이해하기 쉽게 알려 주는 책이 바로 〈닮고 싶은 창의융합 인재〉 시리즈입니다.

〈닮고 싶은 창의융합 인재〉 시리즈는 레오나르도 다빈치, 벤저민 프랭클린, 셰익스피어, 세종대왕, 토머스 제퍼슨, 정약용, 미켈란젤로, 괴테, 뉴턴, 아인슈타인 등 인류 역사에서 가장 창의 융합적인 인물로 인정받은 10명의 인물의 삶을 보여 줍니다. 이들이 어떤 생각을 하고, 어떤 꿈을 가지고, 어떤 행동을 하며 살았기에 세상 사람들이 이들을 창의융합 인재로 평가했을까요? 이 시리즈에 그 답이 있습니다.

어린이들이 살아갈 세상은 현재가 아니라 미래입니다. 미래는 지식 창조의 시대로 자신만의 창의적이고 융합적인 콘텐츠를 가지고 있어야 힘을 가지고 앞서 나아갈 수 있습니다. 실제로 지금도 구글이나 페이스북과 같은 세계적인 기업에서는 학교 성적보다는 자신만의 콘텐츠를 가진 사람을 높이 평가합니다.

미래가 원하는 진짜 실력을 갖춘 창의융합 인재가 되기를 바란다면 이 책이 바로 그 시작입니다.

손영운

역사상 가장 뛰어난 창의융합 인재, 괴테를 소개합니다!

요한 볼프강 폰 괴테는 '인간'과 '자연'을 가장 중요하게 생각했어요. 평생 동안 이를 염두에 두고 법학, 건축학, 자연 과학, 식물 변형론, 해부학, 회화, 색채론에 이르기까지 방대한 분야를 접목해 그만의 독특한 이론을 펼쳤어요. 게다가 괴테는 《젊은 베르테르의 슬픔》,《파우스트》등의 문학 작품으로 지금까지도 전 세계에서 꾸준히 사랑 받는 대작가이기도 해요. 학문과 예술, 두 영역에서 당대 최고의 자리에 올랐던 거지요.

괴테는 18세기 독일의 작은 도시 프랑크푸르트의 평범한 가정에서 태어났어요. 당시 귀족들의 교육 방식이었던 개인 교습을 집에서 받으면서 많은 책과 외국어를 접했고, 실력을 차근차근 쌓았어요.
어릴 때부터 괴테에게는 특별한 능력이 있었어요. 그것은 바로 특유의 '성실성'과 '순수함', 그리고 하나 더 괴테를 괴테답게 만들어 준 '따뜻한 인간미'였어요. 어찌 보면 평범해 보이는 것이죠? 하지만 이것들이 괴테를 위대한 창의융합 인재로 만들어 주었답니다.

공자는 태어날 때부터 모든 것을 갖춘 성인(聖人)을 '생이지지(生而知之)'라고 표현했어요. 생이지지란 '태어날 때부터 모든 것을 알 수 있는 경지'를 가리키는 말이지만, 안다는 것이 지적 능력만을 의미하지는 않아요. 인간적 품성과 더불어 호기심과 상상력, 도전 의식 등을 모두 포함한답니다.

흔히 창의융합 인재라 하면 뛰어난 능력을 갖고 태어나서 특별한 노력 없이 능력을 발휘한다고 생각하겠지만 그들의 일대기를 살펴보면 결코 그렇지 않아요. 그들이 얼마나 많은 땀과 눈물을 흘렸는지, 그리고 위기를 어떻게 극복하며 자신과의 싸움에서 이겼는지 안다면 부럽지만은 않을 거예요.

요즘은 한 가지만 잘해도 '컴퓨터 천재', '수학 천재', '암기 천재'라고 후하게 붙여 주지만, 진정한 천재는 모든 분야에서 다 잘하는 창의융합 인재를 가리키는 말이랍니다. 전공 분야가 따로 있을 수 없지요. 과학, 인문·문화, 예술, 철학, 수학, 기술 등 모든 면에서 창조적이고 융합적인 사고를 하며 전공 분야를 넘나드는 실력을 갖춘 사람이 창의융합 인재라고 할 수 있어요.
평범한 가정에서 태어난 독일의 괴테가 어떻게 역사에 길이 남은 창의융합 인재가 될 수 있었을까요? 여든이 넘은 나이에도 스무 살의 열정과 사랑을 고스란히 간직하며 살았던 괴테의 비밀 이야기를 활짝 열어 볼게요!

곽은우

차례

한국사 · 세계사와 함께 보는 괴테의 일생 … 12
괴테가 들려주는 창의융합 인재상 … 14

1 인문학적 상상력을 키운 어린 시절
상상으로 만드는 세상
가슴에 상상력의 씨앗을 심다 … 20
책으로 세상과 소통하는 괴테 … 23
자연은 최고의 교과서 … 28
토랑 백작과의 만남 … 31
첫 희곡을 무대에 올리다 … 37
자유를 찾아 더 높이, 더 멀리 … 45

2 생활에서 다져진 바른 인성
순수함을 찾아서
변호사가 되다 … 52
첫사랑의 열병 … 57
베르테르의 순수한 슬픔을 쓰다 … 67

3 새로운 가치를 창조하기 위한 노력
정치에 첫발을 내딛다
정치가의 행보를 걷다 … 76
사람의 마음을 읽는 괴테 … 81
광산 사업으로 자연을 탐사하다 … 83
진화론의 증거 '간악골'의 발견 … 87
명성을 뒤로하고 결국 떠나다 … 94

4 다양한 지식의 융합
이탈리아, 아! 이탈리아

거대한 자연사 박물관 앞에 서다	100
건축물이 괴테에게 말을 걸다	105
완전한 예술품은 그 자체로 생명력을 갖는다	109
식물학에도 관심을 가지기 시작하다	115
과거의 괴테는 잊어라	117

5 남다른 과학기술 창의력
한번 시작하면 멈추지 않는다

식물 변형론을 제기하다	126
빛과 어둠으로 자연을 이해하다	133
뉴턴에게 도전장을 내밀다	138
심리 치료와 미술 교육에 활용된 색채론	144

6 세상에 없는 지식 발굴
모든 것은 《파우스트》로 통한다

여성성이 인류를 구원하리라 150
문학적 감성을 다시 불태우다 154
《파우스트》 집필을 시작하다 162
음악과 문학의 만남 168
괴테, 단 하나의 제자를 키우다 171

내가 아는 괴테는? 178

한국사·세계사와 함께 보는 괴테의 일생

1749년 독일의 프랑크푸르트에서 태어나다.
1765년 라이프치히 대학에서 법학을 공부하며 첫 작품을 쓰다.

1779년 왕실 추밀고문관으로 임명되어 여러 지역을 여행하다.
1780년 광물학 연구를 시작하다. 《토르크바토 타소》 집필을 시작하다.
1784년 사람의 삽간골을 발견하다. 《농담, 간계, 그리고 복수》, 《비밀들》을 완성하다.

법학도로 입문한
프랑크푸르트 시기

문학으로 꽃핀
베르테르 시기

1772년 베츨라르 제국대법원에서 법률사무 실습을 하다. 샤를로테 부프를 만나 사랑에 빠지다.
1773년 《초고 파우스트》 《프로메테우스》를 완성하다.
1774년 《젊은 베르테르의 슬픔》을 완성, 대흥행하다.
1775년 카를 아우구스트 공의 초대로 바이마르에서 활동을 시작하다.
1776년 《슈타인 부인에게 바치는 시》, 《오누이》를 완성하다.
1777년 《빌헬름 마이스터의 연극적 사명》 집필을 시작하다.

1785년 식물 연구를 시작하다. 《빌헬름 마이스터의 연극적 사명》을 완성하다.
1786년 이탈리아 여행을 시작하다. 《타우리스의 이피게니어》를 완성하다.
1788년 여행을 끝내고 바이마르로 돌아오다.

한국에서는   **1725년** 영조가 탕평책을 실시하다.   **1750년** 영조가 균역법을 실시하다.   **1776년** 정조가 규장각을 설치하다.

세계에서는   **1710년** 프랑스에서 베르사유 궁전을 완성하다.   **1776년** 미국이 영국으로부터 독립을 선언하다.

1789년 프리드리히 실러와 함께 《로마의 비가》, 《토르크바토 타소》를 완성하다.

1787년 《파우스트》 집필을 재개하다.
1796년 《빌헬름 마이스터의 수업 시대》를 완성하다.

1825년 《파우스트 제2부》 집필을 시작하다. 《실러의 종에 부치는 프롤로그》를 완성하다.
1829년 《빌헬름 마이스터의 편력 시대》를 완성하다.
1830년 《시와 진실》 《제4부》를 완성하다. 40권으로 된 최종 완결판 《괴테 전집》을 출간하다.

예술과 자연을 다시 본
이탈리아 여행

자연과학에 몰두한
바이마르 전기

문학에 다시 집중한
바이마르 후기

1790년 두개골의 척추골 이론을 발견하다. 색채론 연구를 시작하다. 《식물의 변태》와 《파우스트 단편》을 발행하다.
1791년 《광학에 대한 기고문》을 완성하다.
1794년 예나에서 실러와 재회하다. 대학 교수들과 변태론, 색채론을 연구하다.

1798년 정기 잡지 〈프로필레엔〉을 발간하다.
1804년 《빙켈만과 그의 세기》를 완성하다.
1806년 《파우스트 제1부》를 완성하다.
1810년 《색채론》을 완성하다.
1816년 《이탈리아 기행 제1부》와 《이탈리아 기행 제2부》를 완성하다. 《서동시집》을 완성하다.

1831년 《파우스트 제2부》를 완성하다.
1832년 독일의 바이마르에서 평생의 친구였던 실러 곁에 잠들다.

1784년 이승훈이 청나라에서 귀국해 천주교를 전하다.　1811년 순조 11년. 홍경래의 난이 일어나다.
1789년 프랑스에서 인간과 시민의 권리 선언을 발표하다.　1806년 신성 로마제국이 멸망하다.　1840년 청과 영국의 아편전쟁이 발발하다.

괴테가 들려주는 창의융합 인재상

괴테는 작가로 알려져 있지만 다른 분야에도 많은 연구 성과를 남긴 사람이에요. 특히 자연과학과 문화예술 분야에서 중요한 역할을 했어요. 아마도 스스로 노력하는 성실한 사람이 되고 싶었기에 가능했을 거예요. 괴테가 들려주는 창의융합 인재의 모습을 살펴볼까요?

인문학적 상상력을 키운 어린 시절

나는 고대의 예술 작품들을 사랑했어요. 어릴 적부터 그림 감상과 책 읽기를 즐겼지요. 그림을 보고 있노라면 그림이 내게 말을 걸어 왔어요. 어떻게 살았는지, 무슨 생각을 하고 있는지 말해 주었어요. 그들이 들려주는 역사와 철학, 신화에 빠져 지냈어요. 알면 알수록 호기심이 커졌지만, 나는 무엇이든 빨리 해치우려고 하지 않았어요. 충분히 관찰하고 생각해야 볼 수 있는 게 많아요. 온몸으로 천천히 느껴야 모든 감각이 살아나지요. 책을 읽는 것도, 쓰는 것도 순식간에 끝내지 않았어요. 몇십 년이 걸려도 상관없어요. 그리고 그림과 독서 외에 내게 지혜를 준 것이 있다면 그건 '대자연'이에요. 자연은 우주이자 진리 그 자체랍니다. 너무 흔해서 의미 있게 보는 사람이 없지만 내가 이룬 모든 업적은 자연이 보여 준 진실을 받아 적은 것뿐이랍니다.

생활에서 다져진 바른 인성

나는 격식을 갖춰 예의를 다하는 것을 좋아해요. 사람을 대할 때 진심으로 대하고 존경의 마음을 갖는 것이 상대에 대한 기본 예의라고 생각해요. 상대를 제대로 알기 위해서는 그의 입장에서 봐야 하잖아요? 그렇게만 한다면 상대를 진심으로 이해하고 좋아할 수 있답니다. 나는 출신이나 돈, 직업에 따라 사람들을 차별하는 사람이 가장 못난이라고 생각해요. 껍데기에 속아서 그 사람의 본심을 모른다면 그것이야말로 상대에게 속아 넘어간 것 아니겠어요? 마음을 읽는 눈을 갖는다면 아주 많은 사람들과 진정으로 교감하고 사귈 수 있답니다. 그들의 이야기에 귀 기울인 덕분에 좋은 작품들도 많이 남길 수 있었지요.

새로운 가치를 창조하기 위한 노력

나는 과학과 예술이 다르지 않다고 생각했어요. 나의 소설들과 과학 이론인 《색채론》, 《식물 변형론》은 '세상에 대한 이해'였어요. 하늘과 땅 사이에 있는 모든 사물들이 갖고 있는 색깔이야말로 자연을 이해하는 가장 중요한 열쇠에요. 색을 원자로 쪼개고 분자로 나누고, 굴절률이니 파장이니 하는 말로 설명하는 것은 뭔가 부족해요. 그래서 사람의 눈으로 관찰할 수 있는 개념으로 자연을 이해하고 싶었어요. 눈으로 확인할 수 있는 색 이론이 바로 나의 '색채론'이에요. 이는 미술, 교육, 심리, 건축, 회화 등에서 아주 많이 활용되고 있답니다.

다양한 지식의 융합

나는 작품을 오래 쓰기로 유명하답니다. 예외적으로 데뷔작 《젊은 베르테르의 슬픔》은 일주일 만에 썼지만, 그 외의 작품은 짧게는 3년, 길게는 60년 동안 공들였어요. 그중에서 가장 오래 작업한 《파우스트》는 내가 경험하고 생각한 모든 것들이 담겨 있지요.

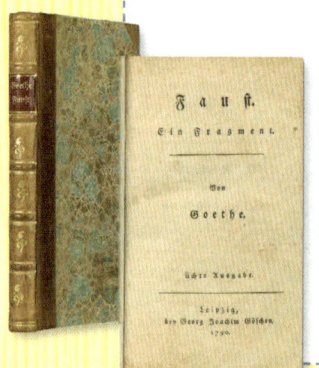

《파우스트》는 나의 삶이자 독일인의 삶, 아니 우리 인류의 철학과 역사 전체예요. 나는 세상에서 그 어떤 것도 완벽하게 새로운 것은 없다고 생각해요. 세상 모든 일은 아주 단순한 근본에서 시작돼요. 단순한 것에서 서로 다른 모습으로 뻗어 나가 우리들의 눈에는 전혀 다른 것처럼 느껴지는 거예요. 서로 충돌하고 섞이고 융합되면서 새로운 것을 창조하는 방식이에요. 나의 창작품들도 마찬가지예요. 철학, 건축학, 유전학, 광학 등 세상의 지식들이 조금씩 내게 손을 내밀었기에 새로운 이론을 창조해 낼 수 있었던 거죠.

남다른 과학기술 창의력

나는 꼼꼼히 기록하는 습관이 있어요. 눈에 보이는 대로 기록했어요. 하나도 놓치지 않으려 노력했어요. 매일매일 기록하다 보면 남들이 보지 못하는 것을 볼 수 있어요. 식물원에서 발견한 근원 식물과 산책하며 찾은 기형 장미, 무덤 앞에 쌓여 있는 양들의 척추골은 관심만 있다면 볼 수 있는 것들이지만 모두 그냥 스쳐 지나갔죠. 나는 이것들에서 의미를 찾았고요. 나는 예외들을 연구해서 이론을 세웠어요. 이런 예외들

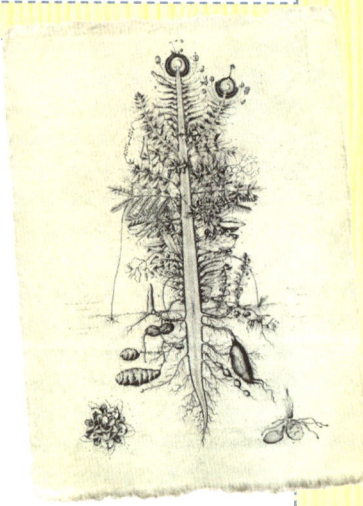

이야말로 생명의 열쇠를 쥐고 있다고 생각해요. 모든 기형과 예외에서 자연의 대법칙을 찾을 수 있어요. 관찰과 통찰, 이 두 가지가 바로 자연 연구의 핵심이랍니다.

세상에 없는 지식 발굴

나는 기독교가 세상의 중심이었던 시대에 살았어요. 신의 질서가 인간 사회를 지배하던 시대였죠. 하지만 종교에 따라, 또는 믿음에 따라 선과 악을 나누는 것은 옳지 않다고 생각했어요. 나는 인간의 본성이 과연 어떤 것인가 궁금했어요. 내 연구의 중심에는 항상 '인간'이 있었어요. 평생 동안 얻은 결론은 바로 '끊임없이 노력하는 자는 방황한다.'는 거예요. 노력하다 보면 방황도 하고 실수도 할 수 있지요. 하지만 노력했기에 용서 받을 자격도 있어요. 특히 그것이 선한 의지에 의한 것이었다면 종교적 믿음에 상관없이 구원 받을 수 있다고 믿었어요. 나는 모든 생각의 중심에 '인간'을 내세웠고, 그런 생각을 문학 작품에 담았어요. 중세의 암흑기가 어서 끝나고 새로운 시대가 오기를 갈망하는 시민들에게 그래서 《파우스트》는 큰 인기를 얻었어요.

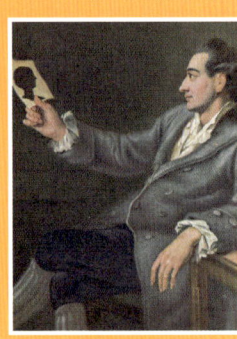

- 가슴에 상상력의 씨앗을 심다
- 책으로 세상과 소통하는 괴테
- 자연은 최고의 교과서
- 토랑 백작과의 만남
- 첫 희곡을 무대에 올리다
- 자유를 찾아 더 높이, 더 멀리

인문학적 상상력을 키운 어린 시절
상상으로 만드는 세상

1

괴테는 감성이 풍부한 어머니와 법학 공부에 관심이 많은 아버지의 적극적인 후원 덕분에 하고 싶은 공부를 마음껏 하면서 어린 시절을 보냈어요. 어릴 때부터 재능이 많았던 괴테는 아버지에게 큰 기쁨이자 자랑거리였어요. 젊은 시절 법관이 되고자 했던 아버지에게 아들 괴테는 자신의 꿈을 대신 이루어 줄 기대주이기도 했지요. 괴테가 어린 시절, 어떤 꿈을 키우며 성장했는지 볼까요?

가슴에 상상력의 씨앗을 심다

"엄마, 옛날이야기 하나만 더 해 주세요."

어린 괴테는 엄마에게 투정을 부렸어요. 밤 10시가 넘은 시간인데도 두 사람은 침대에서 얼굴을 맞댄 채 도란도란 이야기꽃을 피웠어요.

"요한, 오늘은 그만하자. 벌써 열다섯 번이나 들었잖니. 내일 아침 일찍 일어나 성당에 가야지. 자, 눈을 감아 봐. 곧 잠의 요정이 내려오실 거야. 눈꺼풀 위에 올라앉으면 눈을 더는 뜰 수 없을걸."

하지만 괴테의 두 눈은 말똥말똥했어요. 엄마와 조금이라도 더 같이 있고 싶었어요. 엄마는 마술사 같았어요. 괴테가 조르기만 하면 재미있는 이야기보따리가 쏟아져 나오는 마술사 말이에요.

엄마는 이야기에 흠뻑 빠져 있는 아들이 사랑스러웠어요. 그래서 잠들기 전 한두 시간씩 책도 읽어 주고, 재미있는 이야기도 들려주었어요. 하지만 괴테는 만족할 줄 모르는 아이였어요. 매일매일 듣고 싶어 하는 이야기가 늘어났어요. 괴테가 조르기 시작하면 말릴 수도 없었죠.

"그럼 딱 하나만이다! 대신 이번에는 눈 감고 듣기야."

엄마는 괴테가 제일 좋아하는 '마법사 이야기'를 해 주었어요. 이야기가 시작되자 마법사가 마치 괴테의 방에 들어와 있는 것 같았고, 악마가 머리 끝까지 검은 망토를 쓴 채 연기에 싸여 돌아다니는 것 같았어요. 눈을 감고서 듣고 있던 괴테는 잠이 오기는커녕 엄마의 목소리에 소리를 지르기도 하고 찡그리기도 했다가 별안간 깔깔 웃어 대기도 했어요. 어느덧 이야기가 절정에 이르자 괴테는 침도 삼키지 않고 집중했어요. 엄마는 그런 괴테가 귀여워서 장난치고 싶은 마음이 생겼어요.

"그때였어. 악마가 마법사에게 주문을 걸었어. 이번에 주문에서 빠져나오지 못하면 마법사는 그냥 죽어야 했어. 천하의 마법사라도 악마를 이길

재간은 없었거든. 자, 오늘은 여기까지!"

엄마는 갑자기 이야기를 멈췄어요. 괴테가 숨죽이고 듣고 있는 것도 아랑곳하지 않고 싱겁게 끝내 버렸지요.

"다음 이야기는 네가 만들어 봐. 악마와 마법사가 어떻게 될 것 같니?"

"안 돼요, 엄마! 마법사가 주문에 걸렸잖아요! 빨리 더 얘기해 주세요."

괴테는 뒷이야기가 궁금해서 견딜 수가 없었어요. 상상하며 마음 졸이는 일이 얼마나 애달은지 엄마는 모르는 것 같았어요. 하지만 아무리 졸라도 소용없었어요. 엄마가 웃으며 불을 끄고 나갔거든요. 괴테는 도저히 잠을 이룰 수 없었어요.

엄마가 나가자마자 괴테는 자신만의 이야기 공장을 돌리기 시작했어요. 괴테의 방에서 뛰놀던 마법사도, 악마도 새벽녘이 되어서야 자신들의 세계로 돌아갔어요. 괴테는 아침에 엄마를 만나면 밤새 지은 이야기를 들려 드려야겠다고 마음먹고 잠에 빠져들었어요.

괴테는 어릴 때부터 어머니가 들려주는 옛날이야기를 무척 좋아했어요. 한번 들은 이야기는 아무리 사소한 부분이라도 잊는 법이 없었어요. 나중에는 예부터 전해 내려오는 독일의 민담이나 전설을 다 꿰고 있을 정도가 되었답니다. 어렸을 때 들었던 이야기는 괴테가 평생에 걸쳐 저술한 책들에 영향을 끼쳤어요.

책으로 세상과 소통하는 괴테

어머니가 괴테에게 무한한 상상력을 키워 주었다면, 아버지는 풍부한 지식의 밑거름을 심어 주었어요. 괴테의 아버지는 지성이 뛰어난 사람으로 괴테에게 어릴 적부터 신학과 외국어 공부를 강조했어요. 괴테의 꿈이 세계로 멀리 뻗어 나갈 수 있도록 지성의 날개를 달아 주었지요.

아버지는 마흔이 넘은 늦은 나이에 얻은 괴테에게 무한한 사랑을 쏟았어요. 어린 괴테가 책을 좋아하고 글쓰기를 즐기는 모습이 꼭 자신을 닮았다며 자랑스러워했지요. 게다가 다른 자녀들이 모두 병으로 일찍 죽었기 때문에 괴테에게 쏟는 관심은 클 수밖에 없었어요. 육남매 중 스무 살 이후에도 살아남은 아이가 아들 괴테와 한 살 어린 딸 코르넬리아뿐이었거든요. 하지만 그 딸아이마저도 스물네 살 되던 해에 세상을 떠났고 결국 괴테가 유일한 혈육으로 남았어요.

괴테의 아버지는 대학에서 법률을 전공했어요. 정식으로 법관이 된 적은 없었지만 평생 대공의 고문관으로서 일했어요. 고문관이라는 직위는 특별한 업무가 따로 있다기보다는 대공이 원할 때 국가 행정의 조언을 해 주는 명예직이라고 할 수 있었어요. 보직만 있고 실제 하는 일은 거의 없었지요. 그래서 집안의 경제는 여관을 운영하는 괴테의 어머니가 맡았고

---

*대공 유럽에서 왕가의 황태자나 여왕의 남편을 이르는 말. 혹은 군주.

아버지는 아이들의 교육을 책임졌어요. 여관 사업은 제법 수입이 좋아 경제적으로 풍족한 편이었어요. 괴테가 여섯 살 때 여관을 보수해서 고급스럽게 개조하자 유럽의 황족과 귀족들에게 소문이 났고 더 많은 유명 인사들이 이곳을 찾았어요.

아버지는 낯선 손님이나 여행객이 찾아오면 괴테를 불러 그들에게 인사를 시켰어요. 함께 차를 마시고 식사도 했지요. 아들 괴테가 집안의 자랑거리이기도 했지만, 괴테 자신도 낯선 사람들과 어울려 새로운 이야기를 듣는 것을 좋아했거든요. 괴테가가 보지 않은 여러 나라를 여행한 사람들, 처음 들어 보는 외국말, 보따리에서 풀어내는 진귀한 물건들을 보며 넓은 세상에 대한 꿈을 키워 갔어요.

아버지는 괴테를 위해 신분이 높은 귀족들을 일부러 초청하는 일도 마다하지 않았어요. 괴테가 그들과 친해질 수 있도록 특별히 라틴 어, 프랑스 어, 영어, 이탈리아 어, 고대 그리스 어 등 외국어 교육을 시켰지요.

요한 콘라트 제카츠의 〈양치기 복장을 한 괴테 가족〉
평화로운 한낮의 괴테 가족의 모습을 표현했다.

괴테는 배우는 속도가 빨라 학교에서 배우는 수준에 만족하지 못했어요. 결국 학교를 그만 다니고, 집에서 과외 선생님들에게 따로 배우기 시작했어요. 초등학교 때 이미 고등학교 수준의 라틴 어를 읽고 쓸 수 있었다고 하니 학교에서 진도를 맞추기 어려웠을 거예요.

괴테가 열 살 때에는 그가 알고 있는 외국어를 모두 사용한 소설을 직접 쓰기도 했어요. 외국어 공부를 재미있게 하고 싶은 마음에 세계 각국에서 살고 있는 형제들이 서로 다른 언어로 말하는 형식으로 작문해 본 것이었어요. 외국어로 편지를 주고받는 내용이라 흥미롭기도 하고 여섯 형제들의 언어를 한꺼번에 익힐 수도 있었어요. 재미있게 공부도 하면서 상상하며 글쓰기를 즐겼던 괴테다운 행동이었지요.

아버지는 괴테가 공부에 재능을 보이자 이를 뒷받침해 주기 위해 집 구조도 수리했어요. 특히 서재를 꾸미는 데 많은 돈을 썼어요. 괴테가 읽어야 하는 책을 계속 사들였고 웬만한 도서관 수준으로 다양한 책들을 구석구석에 꽂아 두었어요. 고급 장서를 들이는 데 주저하지 않았고, 귀한 그림이라고 하면 가격을 따지지 않고 소장하기도 했어요.

어린 괴테는 복도를 지나 서재로 들어가는 벽 한 면을 가득 채운 대형 그림들을 특히 좋아했어요. 괴테는 매일 그 앞으로 달려가 시간 가는 줄 모르고 상상의 세계에 빠져 지냈어요. 괴테는 그림에 담긴 이야기를 상상하는 것도 좋았지만, 직접 그림을 그리고 싶어졌어요. 이후 그림을 배우면서 회화의 구성과 원근법을 깨닫게 되었어요. 그림에는 책보다 훨씬 더

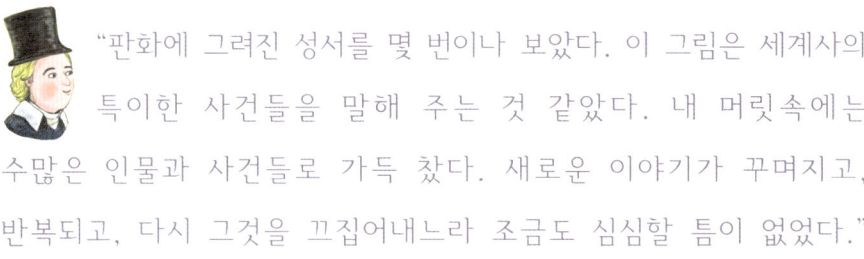

많은 느낌이 담겨 있다는 생각이 들었어요.

"판화에 그려진 성서를 몇 번이나 보았다. 이 그림은 세계사의 특이한 사건들을 말해 주는 것 같았다. 내 머릿속에는 수많은 인물과 사건들로 가득 찼다. 새로운 이야기가 꾸며지고, 반복되고, 다시 그것을 끄집어내느라 조금도 심심할 틈이 없었다."

　또 서재 안에는 괴테가 읽어야 할 책들이 위치에 따라 잘 진열되어 있었어요. 서재를 놀이터로 생각하는 아들을 위해 아버지는 괴테의 키에 맞춰 책들을 정리해 두었어요. 괴테가 읽을 책을 정리하는 일이 아버지에게는 제일 보람 있는 일과였지요.
　아버지는 괴테에게 좋은 스승이자 친구였어요. 다른 사람들에게는 말수가 적은 편이었지만 아들 괴테 앞에서는 수다쟁이 아버지였어요. 괴테는 그런 아버지를 사랑하고 존경했어요. 그리고 나이가 들수록 아버지를 점점 닮아 가고 있다고 느꼈어요. 아버지로부터 건강한 체격을 물려받았고, 진지하게 삶을 대하는 법을 배웠어요.

자연은 최고의 교과서

"안녕, 애들아! 오늘은 내가 너무 늦게 왔지?"

바닥에 털썩 앉은 괴테가 작은 풀잎을 내려다보며 말했어요.

"와, 애 좀 봐라? 어젯밤에 비가 와서 좋았나 보네! 요 조그만 잎에서 줄이 세 개나 더 생겼구나."

괴테는 사람들과 어울려 노는 것만큼 자연 속에서 동식물들을 관찰하는 것을 좋아했어요. 숲에 갈 수 없을 때에는 밖이 훤히 내다보이는 다락방 큰 창문 앞에서 나무들과 새들을 바라보곤 했지요. 그렇게 넋 놓고 자연을 보고 있노라면, 이야기가 떠오르고 시가 떠오르는 것 같았어요. 괴테는 책상을 창문 앞에 바짝 붙여 두었어요. 이곳에서 괴테는 평생의 역작들을 쏟아 냈답니다.

계절이 바뀌는 대로 매일 조금씩 변해 가는 나무와 꽃들처럼, 괴테의 몸과 마음도 성장해 갔어요. 괴테는 자연 속에 있으면 마음이 편안해졌어요. 특히 하늘을 바라보고 있으면 경이로운 마음마저 들었어요. 가지각색의 모양으로 말을 걸어오는 구름을 보면서 마치 하느님이 이야기를 하고 있다는 생각이 들었어요. 신부님의 말씀보다 어쩌면 하늘에 떠 있는 구름들이 하느님의 뜻을 잘 전해 주는 것만 같았어요.

1755년 11월 1일, 충격적인 소식을 듣기 전까지는 그랬어요. 그날 괴테의 자연관과 종교관에 큰 변화를 가져왔던 사건이 일어났어요. 포르투갈의 수도 리스본에서 대지진이 났거든요.

그때 괴테의 나이가 겨우 일곱 살 무렵이었어요. 자연에 대한 믿음이 강했던 괴테에게는 너무나 큰 충격이었어요. 대지진은 기도하기 위해 성당에 모여 있던 9만 명의 목숨을 빼앗아 갔고 도시의 대부분을 파괴했어요. 항구 마을은 바닷물 속에 가라앉았고, 큰 파도와 해일이 대서양 주변 모든 나라에 피해를 주었어요. 그나마 잠기지 않은 마을은 불길과 싸워야 했어요. 그 후로도 6개월 동안 250번이나 지진이 계속되면서 사람들은 공포에 떨어야만 했어요.

"지진이 하루아침에 쑥대밭으로 만들어 놓았다는군. 도시 하나가 통째로 없어졌어."

"아이고, 불쌍해서 어쩌나? 화재와 해일이 지금까지도 있다는데 이러다 여기까지 지진이 오는 건 아니겠지?"

괴테는 어른들의 말이 믿기지 않았어요. 잔잔하고 평화롭기만 하던 자연이 갑자기 돌변하는 이유가 무엇일까 궁금했어요. 무엇보다 속수무책으로 당하는 사람들이 너무 안타까웠어요. 이제 괴테에게 자연은 더 이상 아름답기만 한 놀이터가 아니었어요. 지진 같은 대재앙이 생기기 전에 자연과 진지하게 이야기를 나눌 수 있다면 얼마나 좋을까 생각했어요. 그렇다면 많은 사람들을 살릴 수 있었을 거예요. 더군다나 성당에 모인 사람들이 모두 죽었다는 사실이 정말 충격적이었어요. 평소 알고 있던 하느님의 축복과 은혜라는 말은 다 거짓말 같았어요. 어른들은 사람들이 욕심을 부려서 하늘이 천벌을 내린 것이라고 했지만, 어린 괴테는 이해할 수 없었어요. 괴테는 울먹이며 소리쳤어요.

"하느님이 계시다면 지진 같은 게 일어날 리 없잖아? 사람을 사랑하고 구원해 주시는 하느님이 어떻게 사람을 죽게 내버려 둔단 말이야!"

이후 괴테는 신부님의 그 어떤 말씀에도 귀 기울이지 않았어요. 예배에 가서도 딴청을 피우거나 아예 성당 앞 정원에서 노는 날이 많아졌어요. 괴테는 하느님의 말씀이 성경에만 있는 것이 아니라 자연에도 있다고 생각했어요. 흙을 직접 만지고 꽃과 나무와 이야기를 나누는 것이 더 재미있고 즐거웠어요. 하느님이 계시다면 저 좁은 성당 건물 안에만 있을 리 없다고 생각했어요.

하느님의 뜻은 신화와 전설 속에 더 많이 담겨 있는 것 같았어요. 특히 《오디세이아》, 《일리아스》, 《천일야화》, 《로빈슨 크루소》 같은 책을 읽으면 읽을수록 미지의 자연과 세계를 만나는 느낌이 들었어요. 열 번도 더 넘게 읽으면서 모두 암기할 정도였지요.

토랑 백작과의 만남

그러던 어느 날, 책이나 그림에서 봤던 일이 현실로 나타났어요. 호메로스의 책에서 읽었던 전쟁이 눈앞에서 그대로 벌어진 거예요. 괴테가 열 살 때 유럽 전역은 전쟁에 휩싸였어요. 바로 오스트리아와 프로이센 사이에 일어난 '7년 전쟁'이었는데, 프랑스가 오스트리아와 연합하면서 유럽 전체로 전쟁이 퍼져 갔어요.

프랑스 연합군이 프로이센으로 공격하러 가는 길목에 마침 괴테의 집이 있었어요. 괴테의 부모님은 전쟁에 참여한 프랑스 군인들에게 여관방을 내주어야 했어요.

전쟁은 평화롭던 도시를 순식간에 적막으로 물들였어요. 전쟁이 길어지자 아이들은 밖에 나가는 것조차 금지되었고 집집마다 창문에는 두꺼운 커튼이 쳐졌어요. 괴테는 겨우 다락방 창문을 통해서만 바깥 구경을 할 수 있었어요. 멀리서 포성이 들려오고, 거리의 마차에는 피

윌리앙 아돌프 부그로의 〈호메로스와 길잡이 소년〉
괴테는 호메로스의 작품에 깊이 빠져 있었다고 전해진다.

로 범벅된 부상자들이 실려 옮겨 왔어요. 괴테는 전쟁이 싫었어요. 어서 빨리 끝나게 해 달라고 기도했어요. 이기든 지든 프랑스 군대가 돌아가기만 바랐어요. 사람들끼리 서로 싸우고 죽이는 것을 도저히 이해할 수 없었어요.

괴테의 아버지는 프로이센을 응원하고 있었기 때문에 집에 머물고 있는 프랑스 군인들에게 항상 적대적이었어요. 예의 바른 청년들이었지만 아버지의 눈에는 적군일 뿐이었어요. 괴테는 군인들에게 짜증과 화를 내는 아버지를 지켜보기가 힘들었어요. 거리에서 보던 군인들과는 달리 점잖고 교양 있어 보였기에 괴테는 그들과 친하게 지냈어요. 군인들도 괴테를 매우 귀여워했지요.

괴테의 집에 머문 프랑스 군인들은 전쟁 중 법률 사무를 맡은 엘리트 법무관들이었어요. 이 중에서도 최고 지휘관이었던 토랑 백작은 인품이 훌륭해 사람들로부터 존경을 받았어요. 그는 독일어를 잘했고, 무엇보다 문화 예술에 관심이 많아 독일 사람들과 자연스럽게 어울렸지요. 그림 수집가였던 그는 관심을 보이는 괴테에게 그림을 가르쳐 주었어요.

토랑 백작은 유명 화가들을 괴테의 집으로 초대해서 소개해 주기도 했어요. 덕분에 괴테는 다양한 그림을 배울 수 있었어요. 당시 화가들 사이에는 상가에서 싼 값에 구입한 그림 위에 자기 그림을 다시 그려서 비싸게 되파는 것이 유행이었어요. 화가들이 이 작업을 할 때 괴테는 구경하는 것을 좋아했어요. 그러면서 자신의 생각을 귀담아 들어주는 젊은 화가들

7년 전쟁 이야기

7년 전쟁(1756~1763)은 슐레지엔 영유권을 두고 유럽 대국들이 둘로 갈라져 싸운 전쟁이에요. 오스트리아가 비옥한 동부 땅인 슐레지엔을 프로이센에 빼앗긴 후 그곳을 되찾기 위해 프로이센을 공격했지요.

전쟁이 길어지자 오스트리아와 프로이센뿐만 아니라 스웨덴, 러시아, 영국 등 여러 나라들이 참여했고, 유럽 열강의 세력 다툼으로 확산되었어요. 이 전쟁은 강국들의 식민지가 있던 아메리카와 인도까지 퍼졌어요. 오스트리아-프랑스-작센-스웨덴-러시아가 동맹을 맺었고, 프로이센-하노버-영국 연합이 이에 맞섰어요. 결국 영국의 지원을 받은 프로이센이 최종 승리를 거두어 슐레지엔의 영유권을 확보했어요. 식민지 전쟁도 영국이 북아메리카와 인도에서 프랑스 세력을 몰아내면서 끝났어요. 이 전쟁으로 베를린을 포함한 독일의 몇몇 도시 국가 형태였던 프로이센이 막강한 영향력을 갖게 되었고, 영국은 대영제국으로 뻗어 나가는 계기가 되었어요.

벤자민 웨스트의 〈울프 장군의 죽음〉
영국군 지휘관 제임스 울프의 영웅적 죽음으로 애국주의를 고취시킨 그림이다.

과 자주 아이디어를 나누곤 했어요.

"태양이 이쪽에 있으면 그림자는 여기에 생기잖아요? 풀들은 그늘보단 햇볕 쪽에 더 많이 나겠죠? 양들도 풀밭에 모여 있어야 자연스러워요."

괴테는 마치 분석가처럼 그림을 찬찬히 뜯어보며 말했어요. 그림은 화가들이 더 잘 그릴지 몰라도 자연에 대해서만큼은 괴테도 자신 있었어요. 매일 뛰놀던 숲과 나무, 꽃들은 괴테의 머리와 가슴속에 그대로 남아 있었어요.

토랑 백작은 전쟁 중에 일어나는 법적 소송과 채무 사건을 조정하는 일을 총지휘했어요. 괴테는 프랑스 군인들이 작전회의를 할 때나 최고 사령부에서 감독관이 왔을 때

도 그들 곁에서 함께할 수 있었어요. 한번은 토랑 백작이 부하들을 불러 모아 놓고 이렇게 말했어요.

"전쟁이 길어질지 모르니 독일 시민들에게 인심을 잃지 않도록 하게. 우리는 평화를 지키기 위해서 싸우고 있다는 걸 잊지 말게. 사람들을 불편하게 해서도 안 되네. 이 집도 마찬가지야. 작은 못질이나 흠집 하나도 프랑스 군 전체의 명예를 더럽히는 일이지. 베풀어 준 은혜와 우정을 함부로 배신하는 사람이 있다면 결코 용서 받지 못할 것이네. 이것은 나의 명령이 아니라 프랑스 군의 명령이라는 것을 명심하도록."

토랑 백작의 목소리에는 위엄이 넘쳤어요. 아버지는 프랑스를 무조건 싫어했지만 괴테는 적이라고 해서 무조건 미워해서는 안 된다고 생각하게 되었지요. 괴테는 그들이 예의와 명예를 아는 멋진 군대로 보이기 시작했어요. 한편으로 혼란스럽기도 하고 판단이 서질 않았어요. 거리에서 사람들이 말하는 군대의 모습과 가까이에서 본 군인들의 모습은 너무 달랐거든요. 하지만 다른 나라를 공격해서 사람들을 다치게 하는 군대가 잘했다고도 할 수 없었지요.

전쟁은 무엇보다 사람들의 자유를 가로막았어요. 감옥이나 다를 것 없이 갇혀 지내는 생활이었지요. 전쟁이 길어질수록 괴테의 집에는 소송하려는 사람들로 어수선했어요. 자식을 살려 달라고 호소하는 사람, 재산을 군대에 빼앗겨 고소하겠다고 으름장을 놓는 사람, 남편이 다쳐서 생활이 힘들다는 사람……. 모두 저마다 억울한 사연을 들고 와 큰 소리로 외쳐 댔어요. 또 어떤 날은 죄수들이 끌려오는 바람에 집 안이 엄청 시끄러웠어요. 괴테는 이런 과정들을 겪으며 사람들의 고단한 삶을 눈앞에서 목격했어요. 그 어떤 사람도 고의로 죄를 지은 것 같지는 않았어요. 괴테는 우연한 상황 때문에 의도하지 않은 불행과 악행이 일어난다는 생각을 했어요. 아직 어려서 그들을 직접 도와줄 수는 없었지만 위로해 주고 싶었어요.

절대 끝나지 않을 것만 같던 전쟁도 끝은 있었어요. 토랑 백작과 젊은 군인들이 괴테의 집을 떠나는 날, 아버지는 내심 좋아했어요. 하지만 토랑 백작과 프랑스 군인들에게 정든 괴테는 헤어지는 게 못내 서운했어요. 괴테는 서류 뭉치를 한 아름씩 들고 떠나는 군인들을 배웅하면서 이다음에 크면 자신도 억울한 사람들을 위해 일하고 싶다는 꿈을 꾸게 됐어요.

괴테는 전쟁과 군인을 가까이 접하면서 '폭력과 사랑'이 공존한다고 생각했어요. 어떠한 상황에서도 극단적으로 나쁜 것은 없고 극단적으로 좋은 것도 없었어요. 전쟁도 결국 사람의 일이기 때문에 그런 여지가 있다고 생각했어요.

그 후 인연이 있었던 건지 괴테는 성인이 되고 나서 프랑스 군대와 대치하는 상황을 맞게 돼요. 그때는 바이마르 공국의 재상으로서 '기록 장교' 역할을 하던 때예요. 괴테는 전쟁에 참여한 자국 군인들에게 프랑스 군의 잔인함을 알리고 전의를 불태우는 글을 써야 했어요. 나폴레옹이 이끄는 프랑스 군이 세계로 정복지를 뻗어 나가던 때였으니 이를 막아야 했지요.

하지만 괴테는 전쟁을 부추기는 말을 함부로 할 수 없었어요. 나라와 나라 간의 전쟁이기 이전에 사람과 사람 사이의 일이라고 생각했어요. 그때 늘 되새겼던 말이에요.

"아무 이유 없이 사람을 다치게 하지 말자. 그것이 설사 우리가 전쟁 중이라고 해도 말이야."

괴테가 이런 마음을 유지할 수 있었던 바탕에는 어린 시절 만난 프랑스 군인들에 대한 신뢰가 있었기 때문이에요. 프랑스의 고위 장교가 포로로 잡혀 왔을 때에는 괴테가 나서서 고국으로 살아 돌아갈 수 있도록 갖은 애를 쓰기도 했답니다.

첫 희곡을 무대에 올리다

전쟁이 끝나자 다시 평화로운 일상이 시작됐어요. 활기를 되찾은 거리에는 시장이 열렸어요.

"사람들이 다니니까 마을의 공기도 달라진 것 같아. 이 많은 사람들이 그동안 어디 있었던 거지?"

괴테는 구석구석에서 물건을 사고파는 사람들의 왁자지껄한 소리가 마냥 신기했어요. 하루하루 펼쳐지는 풍경이 너무나 소중했어요. 아무리 사소한 일이라도 하나도 놓치고 싶지 않았어요. 보고 들은 이야기는 모두 기록으로 남겨야 할 것 같았어요. 괴테는 적고 또 적었어요.

어느새 일기장이 수십 권이나 되었어요. 일기를 쓰는 데는 나름대로의 방식이 있었어요. 단순히 날짜별로 적는 것이 아니라 연극을 보고 나서는 '공연' 일기장에, 책을 읽은 뒤에는 '독서' 일기장에, 친구들과 놀고 나면 '놀이' 일기장에 각각 썼어요. 주제별로 분류해서 기록했던 거예요.

특별히 '공연' 일기장을 제일 열심히 썼어요. 연극과 드라마에 관한 내용은 좀 더 세분화해서 몇 권으로 나누어 썼어요. 괴테는 마치 자신이 재연이라도 하는 것처럼 배우의 표정, 몸짓, 생김새, 억양과 말투, 대사까지 하나하나 기억해 내 최대한 상세히 기록했어요. 꼼꼼히 적는 습관 덕분에 같은 연극이라도 공연 때마다 조금씩 다를 수 있다는 점을 깨닫게 되었어요. 차이가 나는 이유가 무엇인지 고민하는 데 많은 시간을 보냈어요. 이처럼 비교하고 분석하는 습관은 평생토록 이어지며 괴테에게 기적을 낳는 토대가 되었어요. 궁금한 게 있으면 해결될 때까지 몰두하는 괴테를 만들어 주었지요.

이때 남긴 일기들은 괴테의 소중한 작품 소재가 되었어요. 무궁무진한 이야기가 어릴 때부터 기록되었던 셈이에요. 괴테는 이후 그 시절을 이렇게 회상했어요.

 "작품 중에 내가 경험하지 않은 일은 하나도 없다."

38

그러던 어느 날이었어요.

괴테는 세계적으로 유명한 극단이 온다는 설렘에, 친구 드론에게 달려갔어요. 드론이라면 빼놓지 않고 볼 공연이었어요.

"드론, 들었어? 프랑스 국립극단이 온다며? 그것도 신화에 대한 공연이래!"

"그래! 이번 공연은 평생 한 번 볼까 말까 한 기회야. 놓칠 수 없지. 요한, 너도 보러 가는 거지?"

"물론이지!"

괴테는 아버지에게 특별히 부탁해서 맨 앞자리에 좌석을 구해 놓았어요. 프랑스 어로 공연되어 중간에 잘 못 알아듣기도 했지만 전혀 문제되지 않았어요. 괴테가 웃고 즐거워하는 것을 보며 같이 따라온 여동생이 조용히 물었어요.

"뭐야, 오빠? 다 알아듣는 거야? 난 하나도 모르겠는데……."

"의미는 말소리에만 담겨 있는 게 아니야. 배우들의 표정을 보면 무슨 뜻인지 알 수 있지. 일단 잘 봐. 오빠가 집에 가서 설명해 줄게."

괴테는 넋이 나간 채 공연에 빠져들었어요. 신화 속 신들이 말을 걸어오는 것 같았고 괴테도 무대 위에 함께 서 있는 듯했어요. 시간이 어떻게 지나는지도 모르고 공연이 끝났어요. 괴테는 그제야 긴 숨을 내쉬었어요. 어찌나 몰입했는지 땀으로 옷이 흠뻑 젖어 있었어요. 머릿속에는 여전히 대사가 맴돌았고, 배우들의 표정과 의상까지 다 살아서 움직였어요.

연극이 끝나자마자 괴테는 집으로 뛰어가 책상에 앉았어요. 우선 공연에서 보았던 주인공들의 복장과 무대 배경을 스케치북에 그리는 것부터 시작했어요. 그리고 기억나는 대사들도 써 봤어요. 무대를 재현하면서 크게 한번 읽어 봤어요. 그러자 이야기들이 꼬리에 꼬리를 물며 떠올랐어요.

괴테는 원작과는 다른 새로운 이야기들을 노트에 쓰기 시작했어요. 왠지 오늘 본 프랑스 극단의 공연보다 더 재미있는 연극이 될 것만 같았어요. 배우들의 대사는 멋진 시로 바뀌었고 무대는 화려하게 꾸며졌어요. 마음에 안 드는 문장은 지우고 다시 썼어요. 원고지는 어느새 괴테의 키만큼 쌓이기 시작했어요.

"아니야! 이렇게 밋밋한 느낌은 안 돼."

괴테는 버럭 소리를 지르기도 하다가 제자리에서 펄쩍 뛰며 답답해 하기도 했어요.

"강렬하게! 사실대로! 더 새롭게!"

괴테는 자신의 첫 번째 시나리오를 그냥 모방하는 수준으로 만들고 싶지 않았어요. 글을 쓸수록 머릿속에 뒤엉켜 있던 이야기들이 하나로 연결되어 갔어요. 지금 이 순간만큼은 괴테 자신이 노트 위의 창조주가 된 것만 같았어요.

일주일 동안 괴테는 밤낮 없이 매달렸어요. 그리고 마침내, 두꺼운 종이 뭉치를 튼튼한 끈으로 묶어 한 권으로 만들어 냈어요. 거의 잠을 자지 못하고 글을 썼던 터라 그동안 쌓인 피로와 잠이 쏟아지기 시작했어요.

온종일 자고 일어난 괴테는 맨 먼저 원고를 들고 드론에게 달려갔어요. 드론은 작가가 되기 위해 문학을 공부하고 있었기 때문에 자신의 작품을 누구보다 잘 이해해 줄 것 같았어요.

"드론, 지난번에 프랑스 극단 공연 봤던 거 기억나지? 이거 한번 봐. 내가 조금 바꿔 봤어."

드론은 괴테의 얼굴을 슬쩍 쳐다보더니 아무 말 없이 읽기 시작했어요. 괴테가 얼마나 한 글자 한 글자 고심해서 정성스레 썼는지 알 수 있었어

요. 드론은 자신이 문학 창작 이론을 배우고 있는 것을 으스대고 싶었어요. 마치 대단한 비평가라도 된 듯이 거만하게 괴테의 글을 뜯어보았지요.

괴테는 채점 답안지를 기다리는 아이처럼, 가슴이 콩닥거리며 얼굴이 달아올랐어요. 드론이 침묵을 깨고 젠체하며 말했어요.

"야, 여기 틀렸네. 젊은 아가씨한테 마담Madame이 뭐냐? 마드무아젤 Mademoiselle이지. 그리고 여기는 어순이 좀 이상하지 않아?"

괴테는 온몸에서 기운이 쫙 빠져나가는 것 같았어요. 일주일간 매달렸던 원고에 혹평만 쏟아지자 순간 화가 치밀었어요.

"그만둬. 너한테 이런 말이나 듣자고 달려온 내가 잘못이다!"

괴테는 드론의 손에서 원고를 낚아채듯 빼앗았어요. 그러자 드론이 갑자기 태도를 바꿔 넉살스레 말했어요.

"하하, 미안. 솔직히 샘이 나서 그랬어. 이거 정말 대박인걸! 크리스마스 때 공연하면 무조건 성공일 거야!"

괴테는 여전히 불쾌함이 가시지 않아 드론이 뭐라고 하든 상관없이 뒤돌아 가려고 했어요. 그때 드론이 괴테의 등에 대고 소리쳤어요.

"한 달 뒤야! 대성당 무대에 올려 보자. 내가 배우를 모아 볼게. 네가 총감독을 맡아."

그 말이 괴테의 귀와 심장을 붙잡았어요. 성당의 청년부 반장이던 드론은 마침 크리스마스 공연거리를 찾던 중이었거든요. 괴테는 자신의 작품이 대성당 무대 위에서 펼쳐지는 모습을 상상했어요. 사람들이 환호성을 지르

주한 독일문화원의 이름은 'Goethe Institut'이고 홈페이지 주소는 'www.goethe.de'이다. 나라를 대표하는 기관 이름에 개인의 이름이 있는 건 보기 드문 일이다.

며 기립 박수를 치는 장면이 실제 눈앞에 보이는 듯했어요. 길거리에는 괴테의 공연 포스터가 여기저기에 붙어 있고, 사람들이 괴테를 알아보기도 해요. 왠지 상상만으로도 미소가 번졌어요.

"그래, 좋아. 네가 그렇게 부탁한다면……. 대신 배우 오디션은 내가 볼 거야."

괴테는 그렇게 자신의 첫 시나리오를 크리스마스 공연에 올리게 되었어요. 공연은 드론의 예상처럼 대성공이었어요. 연극에 빠져 공부를 게을리하는 아들을 못마땅하게 여기던 아버지도 공연을 본 후 무척 자랑스러워했어요. 괴테에게는 평생 잊을 수 없는 순간이었어요. 연극을 준비하면서 마음고생했던 일들이 *주마등처럼 지나갔어요.

드론에게 처음 당한 모욕감, 아버지의 감시와 질책, 배우들과의 충돌 등을 모두 인내심으로 버텨 냈어요. 연극에 대한 괴테의 사랑은 이후에도 평생 이어졌어요. 괴테는 독일의 연극을 세계적인 수준으로 끌어올리는 결정적 역할을 했어요.

***주마등** 무엇이 언뜻언뜻 빨리 지나감을 비유적으로 이르는 말.

시간이 흘러 괴테는 이렇게 회상했어요.

"이때 연극을 준비하면서 내가 배운 것은 지식이 아니라 인내력이었다."

자유를 찾아 더 높이, 더 멀리

대학에 간 괴테는 고고학이나 예술, 문학을 공부하고 싶었어요. 그러나 아버지는 자신처럼 법학을 공부하길 바랐지요. 괴테는 어쩌면 자신도 토랑 백작처럼 훌륭한 법률가가 되어서 어려운 사람들을 도울 수 있을 것이라는 생각에 꿈을 잠시 접어두고 아버지의 뜻대로 하기로 마음먹었어요.

1765년, 괴테는 아버지가 다녔던 라이프치히 대학에서 법학을 공부하기 시작했어요. 그곳에서 여러 지역에서 모인 다양한 개성의 사람들을 만나 재미있는 학창 시절을 보냈어요. 교수님의 수업은 지루했지만 기숙사로 돌아오면 친구들과 밤새도록 토론을 할 수 있었어요. 대학에 오길 참 잘했다고 생각했지요. 그러나 시간이 흐를수록 전공 수업에 지쳐 갔어요. 독서와 사색을 좋아하는 괴테는 딱딱한 법조문을 외워야 하는 법학 공부에 점점 흥미를 잃어 갔어요. 교수님의 인간미 없는 표정과 건조한 수업 방식이 마음에 들지 않았어요. 언젠가는 괴테 자신도 저렇게 변할 거라 생각하니 우울해졌어요.

괴테는 아프다는 핑계로 수업을 자주 빼먹었어요. 이대로 가다가는 제대로 졸업하지 못하겠다는 불안감이 엄습해 왔어요. 큰 기대를 품고 집을 떠나 여기까지 왔는데 현실에 적응하지 못하는 자신이 미워졌어요. 괴테는 하늘 높이 날아오르는 독수리가 태양 가까이에 다가갔다가 날개가 타서 떨어지는 악몽을 자주 꾸었어요. 깊이 잠들지 못했고, 좋아하던 음식도 먹지 못했어요. 웃기지도 않은 일들에 깔깔 웃다가 금방 훌쩍거리며 울기도 했어요. 사람들과 만나는 것도 싫어졌어요. 무력감이 심해져서 고열과 기침에 밤새 시달리자, 결국 아버지가 괴테를 집으로 데려가 의사에게 진찰을 받게 했어요.

의사는 '오랜 시간 쌓인 과로와 정신적 불안으로 인한 폐결핵'이라고 진단했어요. 또 조울증으로 몸이 약해졌고 폐병이 생겼다는 거예요. 괴테의 집안은 발칵 뒤집혔어요. 괴테의 형제들이 어릴 때 병으로 모두 죽었기 때문에 부모님은 큰 걱정에 빠졌어요. 아버지는 집에 의사를 계속 대기시켰어요. 그러나 쉽사리 회복될 기미가 보이지 않았어요. 괴테가 잠시라도 눈을 떴을 때 하는 일이라곤 겨우 물 한 모금을 마시거나 구운 소금 몇 알을 먹는 것뿐이었어요.

어느새 한 달이 흘렀어요. 다행히 극진한 간호 속에서 괴테의 기침이 조금씩 잦아들었어요. 기침만 덜해도 잠을 조금 편히 잘 수 있었어요. 우울하던 기분이 걷히는 느낌이었어요.

'하느님은 나를 사랑하셔. 이대로 죽게 내버려 두시진 않을 거야.'

괴테는 그동안 잊고 지냈던 하느님께 의지했어요. 비록 성당을 열심히 다니지 않았지만 하느님은 여전히 자신을 사랑하고 있다고 믿었어요. 믿음이 커지자 마음이 더 편해졌고 체력도 조금씩 좋아지는 것 같았어요. 그렇게 1년 반 동안, 괴테는 집에서 건강을 회복했어요. 일상을 되찾은 후에는 매일매일 숲을 걸었어요. 천천히 산책하면서 꽃향기도 맡고 풀과 나무에게 말을 건네기도 했어요. 그리고 이것은 평생의 습관이 되었어요. 자연과 더불어 생활하면서 몸과 정신이 치유되었기 때문이에요.

폐결핵은 다 나았지만 가끔 현기증과 이명 증상 때문에 머리가 핑 돌거나 갑자기 주저앉을 때가 있었어요. 하지만 더 이상 마음이 약해지지는 않았어요. 의지가 꺾이면 육체에 병이 생긴다는 사실을 깨달았거든요. 괴테는 어지러울수록 더 많이 움직였어요. 오히려 극한으로 자신을 몰았어요.

라이프치히 대학에 세워진 괴테 동상

현기증을 극복하기 위해 마을에서 가장 높은 성당 종탑까지 올라갔어요. 눈앞이 핑핑 돌고 구역질이 날 것 같았지만 견뎌 냈어요. 또 이명을 이겨 내기 위해 일부러 소음이 심한 공사장을 찾았어요. 더 크고 거슬리는 소리를 듣다 보면 귀에서 들리는 작은 울림 따위야 대수롭지 않게 여겨졌거든요. 마음먹기에 따라 몸에 찾아온 질병도 달라진다는 생각으로 자신을 단련시켰어요.

그 후 괴테는 다시 대학으로 돌아갔어요. 과거의 괴테가 아니었어요. 재미없고 배울 게 없다고 느꼈던 전공 수업도 의미 있는 공부가 되었어요. 아프기 전에는 몰랐던 세계에 대해 더 많이 알고 싶다는 생각이 간절해져서 해부학 수업도 듣기 시작했어요. '할 수 있는 모든 것을 다 해 보자. 무조건 노력하고 움직이자. 결과가 나쁘더라도 노력한 사람은 용서 받을 자격이 있다.'라고 문장을 써서 늘 주머니 속에 간직하고 다녔어요. 마음이 약해질 때마다 꺼내서 읽었어요.

괴테는 철학 공부도 열심히 했어요. 신학과 역사학, 문학까지 다양한 강의를 들었고 매일 관련 책을 읽었어요. 괴테는 '다 읽은 책, 읽고 있는 책,

읽고 싶은 책'들을 나눠서 촘촘하게 정리했어요. 괴테의 책상 앞에는 이런 글이 적혀 있었어요.

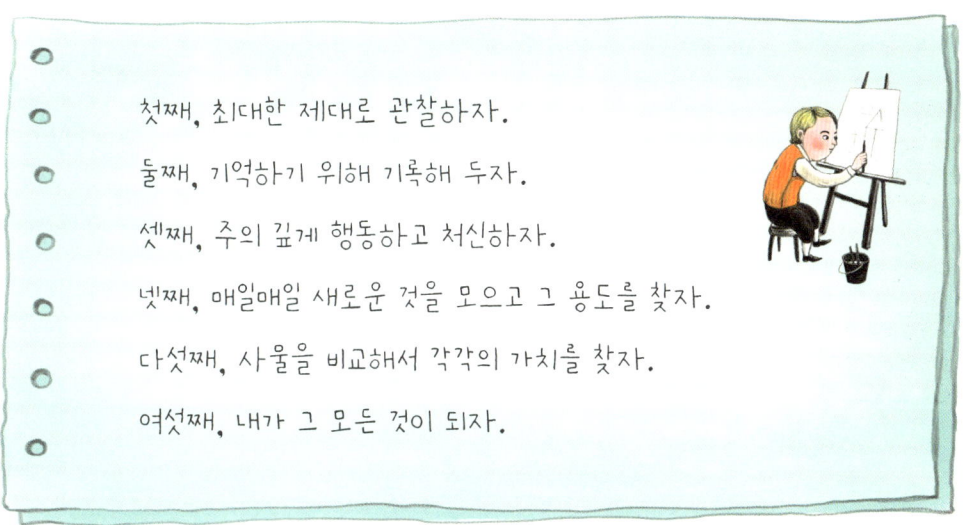

첫째, 최대한 제대로 관찰하자.
둘째, 기억하기 위해 기록해 두자.
셋째, 주의 깊게 행동하고 처신하자.
넷째, 매일매일 새로운 것을 모으고 그 용도를 찾자.
다섯째, 사물을 비교해서 각각의 가치를 찾자.
여섯째, 내가 그 모든 것이 되자.

괴테는 마지막 문장이 가장 마음에 들었어요. 모든 것이 되어 본다! 쉬운 일은 아니겠지만, 멋진 인생 계획이었어요. 다른 사람이나 사물이 되어 그 입장에서 생각하고 느끼는 일은 말처럼 쉬운 게 아니에요. 새로워진다는 것은 다양한 모습으로 변할 때 가능한 일이에요. 제대로 이해하기 위해서는 직접 그 상황에 놓여야 해요. 괴테는 늘 모든 것이 되어 모든 것을 느끼고 싶다는 생각을 했어요.

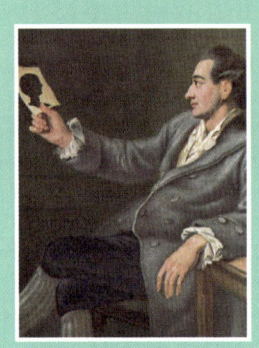

- 변호사가 되다
- 첫사랑의 열병
- 베르테르의 순수한 슬픔을 쓰다

생활에서 다져진 바른 인성

순수함을 찾아서 2

대학을 졸업한 괴테는 법관으로서 새로운 삶을 살기 시작했어요. 철학, 문학, 예술, 건축, 생태학까지 다방면에 걸쳐 모르는 것이 없었던 괴테는 늘 친구들에게 둘러싸여 지냈어요. 친구들은 해박한 괴테를 좋아했어요. 괴테가 이야기도 잘했지만 무엇보다 선량하고 순수한 마음을 가지고 있다는 것을 알았기 때문이에요. 괴테는 모두에게 친절하고 다정했거든요.

변호사가 되다

　스물두 살이 되던 해에 괴테는 대학을 졸업하고 고향 프랑크푸르트로 돌아와 법률 사무소에 취직을 했어요. 이곳에서 변호사의 업무를 돕는 일을 했지요. 아들이 곧 유명한 변호사가 될 줄 알았던 아버지는 실망했어요. 당장 능력 있는 법률가가 되기란 쉽지 않았지요. 간단한 일을 처리하는 데도 상당한 법률 지식이 필요했거든요.

　괴테는 서류를 직접 분류하고 다시 작성하며, 변호사가 되기 위한 준비를 차근차근 해 나갔어요. 꼼꼼하게 읽고 형평성에 맞게 판단하는 일이 무엇보다 중요했어요. 사소해 보이는 것도 간과하면 아무런 죄 없는 사람이 피해를 입을 수 있기 때문이에요. 괴테는 자신의 실수가 다른 사람의 생명을 살리기도 하고 죽이기도 한다는 점에서 막중한 책임감을 느꼈어요.

　판결문을 보면 늘 정형적인 몇몇 단어들로 적혀 있었어요. 괴테는 딱딱한 내용의 문서가 사건을 잘 설명해 주지 못한다고 느꼈어요. 비유적인 표현을 써서 사람들의 이해를 돕고 싶었어요. 하지만 그 일은 두고두고 괴테를 괴롭혔지요. 선배들은 동정심을 유발하는 괴테의 문장을 보고 크게 꾸짖었어요.

　"괴테, 너 또! 다신 이렇게 쓰지 말라고 했지? 네 글엔 감정만 있다고!"

　선배들에게 괴테는 변호사로서 권위를 지키지 않는 무능한 후배로 알려졌어요. 어찌 보면 당연한 일이었어요. 진정한 법관이라면 감정을 초월해 사실만을 다루어야 하거든요.

자주 지적을 받자 괴테의 사기는 바닥에 떨어졌어요. 그 후 다시는 문서에 기록하는 일을 할 수 없었지요. 법에 호소하는 사람들의 이야기에 관심이 많은 괴테는 형식적인 절차만 따지는 그들의 생각에 한계가 있다고 생각했어요. 변호사가 변호를 하고 판사가 판결을 하는 과정도 결국은 다 사람의 일인데, 개개인의 사정을 고려하고 판단하는 데 정성을 기울이지 않는다면 그것이 진짜일까 하는 회의감이 들었어요.

괴테는 그 후 독서 토론회에 더 많은 애정을 가지게 되었어요. 낮 동안의 고된 업무로 지친 마음을 늦은 밤 독서 토론회를 통해 회복할 수 있었어요.

독서 토론회에서는 사람들의 사는 이야기를 소중하게 다루었어요. 생각을 조정하고 타협하며 최선에 이르는 과정을 함께 토론했고, 선량하고 순수한 사람들의 이야기를 더 많이 할 수 있어 좋았어요. 괴테는 법보다 문학이 선과 악을 판결하는 데 더 공평하다고 생각했어

(아래 중앙부터 반시계 방향으로)
괴테, 실러, 헤르더, 클롭슈톡, 레싱, 빌란트

요. 괴테는 밤이 새도록 철학과 정의에 대해 이야기하며 생각을 키워 갔어요. 이때 괴테의 재능을 눈여겨본 사람이 있었는데 바로 헤르더였어요.

토론회에서 리더를 맡은 헤르더는 꽤 잘나가는 작가였어요. 하지만 괴테의 탁월한 지적 능력과 말솜씨를 본 후에 헤르더는 리더 자리를 괴테에게 넘겼고, 독서 토론회를 이끌어 달라고 정중히 부탁했어요.

그 후 헤르더는 괴테의 문학 창작을 도왔고, 자신이 속해 있던 또 다른 모임에 괴테를 초청했어요. 헤르더는 괴테가 문학 작가뿐만 아니라 예술계 고위 인사들과 만날 수 있는 기회를 마련해 주었어요. 덕분에 괴테는 독일의 유력 인사들을 많이 알게 되었어요.

헤르더를 만나고 괴테는 작가로서 꿈을 꾸기 시작했어요. 문예 잡지인 〈프랑크푸르트 학자보〉에 평론을 기고했고, 이 글은 여기저기서 깊은 관심을 보였어요. 어떤 출판사는 괴테의 글들을 모아 《셰익스피어 기념일에 부쳐》라는 제목으로 출간하자며 제안해 왔어요. 그리고 이 책은 곧 출판계에 신선한 돌풍을 일으켰어요.

글을 쓰고 있는 동안 괴테는 자유롭고 행복했어요. 그간 하고 싶었던 모든 말들을 거침없이 종이에 쏟아 냈어요. 사람들은 괴테의 글이 다른 문학가들이 쓴 글보다 읽기 쉽고 재미있다고 평가해 주었어요. 실제로 어려운 철학과 평론도 괴테의 손을 거치면 편하게 읽을 수 있는 문장으로 바뀌었지요. 시민들은 아름다운 괴테의 글에 관심을 갖기 시작했어요. 괴테의 글은 나날이 인기가 올라갔어요.

작가로서 조금씩 명성을 얻자 괴테는 변호사를 그만두고 전업 작가가 돼볼까 생각했어요. 하지만 쉽게 결정을 내리기 어려웠어요. 법관으로 성공하길 바라는 아버지의 간절한 소망을 떨치기가 죄송스러웠기 때문이에요.

괴테의 아버지는 아들이 독서 토론회와 작품 활동에 집중하는 시간이 많아지자 불안했어요. 그는 진정으로 아들을 훌륭한 법관으로 성공시키고 싶었거든요. 아버지는 괴테가 더 큰 법률 사무소에서 일할 수 있도록 자리를 마련했어요. 법률가로서 제대로 일을 한다면 괴테가 글 쓰는 일에 정신을 빼앗기지 않을 것이라 생각했지요. 결국 지인을 총동원해 대법원까지 연결했고 괴테는 변호사로 취업이 되었어요.

《셰익스피어 기념일에 부쳐》 중 일부

괴테는 일단 아버지의 마음을 받아들이기로 했어요. 한편으로 새롭고 낯선 도시에서의 생활에 대한 기대감도 있었어요. 또 다른 즐거운 일이 일어날 수도 있다고 스스로를 위로했지요. 더 넓은 세계에 대한 갈망도 있었어요. 괴테는 대법원이 있는 베츨라르로 가기로 결심했어요.

정들었던 독서 토론회 친구들과 헤어지는 아픔이 컸지만 괴테는 점점 마음이 들떴어요. 부모님의 모습이 눈에서 멀어질수록 오히려 영혼의 자유로움을 느꼈어요. 단출하게 챙긴 짐과 함께 마차에 오른 괴테는 두 손 모아 작은 목소리로 말했어요.

"하느님, 나의 좁은 가슴 속에 넓은 세계를 만들어 주세요!"

첫사랑의 열병

아담한 도시 베츨라르는 아침 안개가 잦은 곳이었어요. 그리 북적대지도 않고 우람한 나무들과 고즈넉한 숲이 거리를 둘러싸고 있었지요. 괴테는 법원에서 조금 떨어진 숙소에 짐을 풀고 한적한 도시에서의 산책을 즐겼어요. 상쾌한 공기와 살짝 내려앉은 안개가 기분을 차분하게 만들어 주었어요. 괴테는 낯선 도시가 마음에 들었어요.

대법원에서 하는 일은 여전히 견습생 수준의 일이었어요. 하지만 지역 재판소에서 보던 사건과는 규모가 다른 것들이라 읽고 정리하고 분류해야 할 문서들이 산더미였어요. 심지어 해가 바뀌어도 판결이 시작조차 되지 않은 건들도 많았어요. 괴테는 진척이 더딘 서류들을 보며 지루함을 느꼈어요. 이대로 가다간 어제와 오늘, 내일이 모두 똑같을 뿐이라는 생각이 들었어요. 1년 후에도, 10년 후에도 이렇게 살고 있다면 몹시 후회스러울 것 같았어요.

그러던 어느 날, 법원 동료들이 괴테를 끌고 가다시피 무도회장에 데리고 갔어요. 이유도 없이 웃고 떠드는 사람들 틈에서 정신을 차릴 수 없었어요. 당연히 아는 사람이라곤 없었지요. 그때 괴테가 좋아하는 노랫소리가 들려와 무도회장 구석을 두리번거리다가 한 여인과 갑자기 부딪쳤어요. 그녀가 들고 있던 와인 잔이 그녀와 괴테의 옷에 왈칵 쏟아졌어요. 놀란 괴테는 손으로 급히 그녀의 옷을 털어 주었지만 이미 포도색으로 얼룩져 크게 번지고 난 뒤였어요.

여인은 괴테의 행동에도 전혀 당황스러운 기색 없이 빙그레 웃더니 아무 일도 없었다는 듯 자기가 가던 길로 이내 사라졌어요. 괴테는 민망하기도 하고 복잡한 이곳에 있는 자기 자신이 어색하기도 해서 동료들을 피해 무도회장을 벗어나려고 했어요. 그러자 한 선배가 소개해 줄 사람이 있다며 괴테의 손을 잡아끌었어요.

성당에 다니다 보면 지역 사람들을 쉽게 사귈 수 있을 거라며 그가 소개해 준 사람은 샤를 로테 부프라고 하는 성가대 선생님이었어요. 그런데 옷에 묻은 선명한 와인색을 자세히 보니 아까 그 여인이었던 거예요! 하지만 로테는 잠깐 인사만 나누고는 급한 볼일이 있는지 다시 자리를 뜨고 말았어요.

괴테의 시선은 그녀를 따라갔어요. 로테는 어린 동생들을 보살피고 있었어요. 가녀린 아가씨가 자그마치 일곱 명이나 되는 동생들을 무도회장에 데려오다니 대단해 보였어요. 칭얼거리는 동생들을 하나하나 살피려면 몹시 불편하겠다는 생각이 들었어요. 그러나 이를 비웃기라도 하듯 로테의 표정은 그 누구보다 즐겁고 행복했어요. 괴테는 로테가 참 특이한 여인이라고 생각했어요.

"누나, 빨리빨리! 나 급해. 얼른!"

여덟 살 정도로 보이는 남동생이 로테의 소매를 잡아당기며 화장실에

가자고 졸랐어요. 울먹거리며 떼쓰는 동생에게 그녀는 짜증을 내기는커녕 상냥하고 다정한 미소로 응석을 받아 주고 있었어요. 그때 로테의 얼굴은 세상 어디에서도 볼 수 없는 것이었어요. 괴테는 하늘에서 내려온 천사도 이보다 아름답지 않을 거라고 확신했어요.

그 후 무대 한가운데서 남동생과 춤을 추는 로테를 보았어요. 그 모습은 그 어떤 여인보다 아름다웠어요. 괴테는 그녀에게서 눈을 뗄 수 없었어요.

집으로 돌아와서도 로테의 모습이 생생히 떠올랐어요. 이대로 가만히 있기가 힘들었어요. 옷깃에 남아 있는 로테의 향기가 계속 괴테를 충동질하는 것 같았어요.

다음 날, 눈뜨자마자 괴테는 로테가 있는 성당에 찾아갔어요. 최대한 자연스러워 보이도록 성경을 한 손에 들고 말끔하게 정장을 차려입었죠.

그때 앞마당에서 아이들을 모아 놓고 성가를 가르치던 로테와 눈이 딱 마주쳤어요. 큰 앞치마에 모자를 푹 눌러 쓴 그녀였지만 괴테에게는 마리아 상보다 더 성스러워 보였어요. 괴테를 발견한 로테는 잠시 당황하는 듯하더니 자리를 비웠어요.

그 순간 괴테는 아이들에게 가서 자신의 이야기 솜씨를 발휘했어요. 아이들은 괴테에게 빨려 들어가듯 금세 집중하기 시작했어요. 깔깔거리며 자지러지게 웃는가 하면,

훌쩍거리며 눈물을 흘리기도 했어요. 멀리서 이를 지켜보던 로테는 괴테가 꽤 근사한 남자라는 것을 눈치 챘어요.

괴테는 로테와 아이들과 함께 점심을 만들어 먹고, 오후 내내 좋은 햇살에서 즐겁게 공놀이를 했어요. 시간이 어떻게 가는지 모를 정도였어요. 괴테는 로테와 헤어지는 것이 무척 아쉬웠어요. 괴테는 아무도 없는 곳에서 로테에게 편지를 살짝 전했어요. 마음만 전하려고 썼는데 편지가 두꺼운 것이 조금 부끄러웠지요. 로테는 괴테의 눈빛에서 진심을 읽었어요.

답장을 기다리는 동안 괴테는 시간이 멈춰 버린 것만 같았어요. 아무리 기다려도 우편함에는 로테의 편지가 오지 않았어요. 매일 우편함을 확인하는 일이 괴테에게 가장 중요한 일과가 되었어요.

"왜 안 오지?"

기다리는 내내 괴테의 얼굴에는 미소가 가득했어요. 지나가는 사람들이 그런 괴테를 의아하게 쳐다봤어요. 괴테는 아랑곳하지 않았어요. 천사가 곧 눈앞에 나타날 것이니까요.

사랑은 운명처럼 시작됐어요.

얼마나 시간이 흘렀을까요? 드디어 로테의 향기가 가득 배어 있는 편지를 받았어요. 그녀의 필체는 가지런히 정돈된 가로수 같았어요. 괴테는 편지에서 그녀의 따뜻한 마음을 읽을 수 있었지요. 그 후 괴테와 로테는 시시콜콜한 사연까지 편지에 담아 서로의 마음을 나누었어요.

사랑은 괴테를 힘 있게 만들었어요. 전에 없던 에너지가 솟구치고 활기로 넘쳤어요. 마치 신들린 것처럼 사랑의 시가 거침없이 써졌어요. 로테를 생각하면 예전에는 한 번도 써 본 적 없었던 문장이, 읽어 보지도 않았던 표현들이 떠올랐거든요. 로테를 만나고 괴테는 완전히 다른 사람이 되었어요. 매일 반복되는 업무를 보면서도 즐거운 콧노래를 불렀지요. 먹지 않아도 배불렀고, 동료들이 짓궂게 굴어도 괜찮았어요.

괴테는 주말이면 무조건 성당에서 시간을 보냈어요. 로테와 함께 아이들을 돌보거나 봉사도 했어요. 괴테는 세상에서 가장 행복한 사람이 있다면 바로 자신일 거라고 확신했어요.

그러던 어느 날, 법원에서 같이 일하는 케스트너가 괴테의 방으로 놀러

왔어요.

"괴테, 나 좀 도와줘."

다급한 표정으로 케스트너가 말을 꺼냈어요.

"사실은 결혼하고 싶은 여자가 있는데 고백할 자신이 없어. 아버지께 말씀드렸더니 어른들이 알아서 하시겠대. 그녀가 날 좋아해 줄까?"

괴테는 그 모습이 자신을 보는 듯했어요. 괴테와 케스트너는 서로의 연인에 대해 이야기하며 고민을 나누었어요. 그 후 케스트너는 괴테의 도움으로 프러포즈할 용기를 얻었고, 마침내 약혼식을 올리게 되었어요.

괴테는 그동안 결혼이라는 단어를 한 번도 자신과 연결해서 생각해 본 적이 없었어요. 사랑하는 여인과 단둘이 평생 산다는 일은 불가능하다고 여겼어요. 얼만큼 사랑해야 결혼이라는 걸 하는 건지 답을 찾기 힘들었어요. 하지만 괴테에게도 인생의 중대한 결정을 내릴 시기가 찾아왔고, 그 대상이 로테라면 왠지 용기를 낼 수 있을 것 같았어요.

그러나 괴테의 행복은 그리 오래가지 못했어요. 비가 추적추적 내리던 어느 주말, 감기에 걸린 괴테가 저녁 늦게 성당을 찾았어요. 멀리서 신부님과 로테, 그리고 로테의 아버지가 이야기를 나누고 있었는데 어쩐지 무거운 분위기였어요. 그때 로테가 갑자기 울면서 뒤돌아 뛰어왔어요. 그녀는 괴테와 눈이 마주치고도 못 본 척 스쳐 갔어요. 괴테는 뭔지 모를 불안함을 느꼈어요.

그때 로테 아버지의 목소리가 또렷하게 들려왔어요.

"결혼식까지 아직 보름이나 남았습니다. 그때까지 딸 아이의 마음은 제가 확실히 다잡아 놓겠습니다. 대신 케스트너가 이 사실을 알지 못하도록 각별히 신경 써 주십시오."

분명 로테와 케스트너의 이야기였어요. 괴테는 정신을 차릴 수 없었어요. 어떻게 집으로 돌아왔는지 모를 정도로 방에 들어서자마자 쓰러졌어요. 그제야 로테가 흘린 눈물의 의미를 알 것 같았어요.

다른 사람의 아내가 될 여인을 더 이상 그리워하거나 좋아해서는 안 되었어요. 로테를 잊는 일은 상상할 수 없었지만 친구의 약혼녀를 사랑해서 손가락질 받는 일도 상상할 수 없었어요. 괴테는 로테를 잊겠다고 수백 번 다짐했지만 가슴속에서 밀려오는 그리움을 막을 수가 없었어요. 소리를 지르고 벽이 부서져라 주먹으로 내리쳤지만 소용없는 일이었어요. 괴테는 자신의 운명이 원망스러웠어요. 목표도 사라졌고 살고 싶지 않다는 생각도 들었어요. 또다시 집밖을 나가는 것이 두려웠고, 몸을 일으킬 힘도 없었어요.

꿈을 꾸면 어김없이 케스트너와 로테가 나왔어요. 괴테를 앞에 두고 두 사람은 비웃고 있었어요. 괴테는 꿈속에서 케스트너와 싸워야 했어요. 매일 밤 로테를 잊기 위한 사투를 벌였어요. 괴테는 베개 밑에 항상 날카로운 칼을 두고 잠들었어요. 로테를 되찾을 수 없다면 차라리 죽겠다고 생각했어요.

　로테는 괴테의 소식을 들었으나 할 수 있는 일이 없었어요. 그저 괴테가 자신을 잊고 새 출발하기를 진심으로 기도했어요. 하지만 그녀 역시 괴테 생각으로 가슴이 먹먹해져 눈물을 쏟아 내곤 했어요. 로테와 괴테가 만난 시간은 불과 6개월도 안 되었지만 실연의 고통은 1년이 넘게 계속됐어요. 그 사이 로테는 결혼식을 올렸고, 괴테는 참을 수 없는 분노와 상실감에 허수아비처럼 넋이 빠진 채 지냈어요.

　'다 끝났어! 아니, 지금이라도 되돌릴 수 있어. 분명 방법이 있을 거야! 아니지, 그럼 로테를 지옥으로 끌고

가는 것밖에 안 돼. 나만 사라지면 되는 일 아닐까?'

　괴테의 번뇌는 끝없이 깊어졌어요. 괴테가 출근도 제대로 못하고 상심에 빠져 있다는 소식을 들은 아버지는 고향에서 한걸음에 달려왔어요. 괴테는 광대뼈가 앙상하게 드러날 정도로 쇠약했지만 예전처럼 기침을 하는 것도, 열이 나는 것도 아니었어요. 어쩌다 몹쓸 병에 걸렸는지, 또 정확한 병명이 무엇인지 알 수가 없었지요. 그 누구도 괴테에게 위로가 되지 못했어요. 결혼할 남자가 있는 여인을 사랑했고 실연 때문에 괴롭다는 말을 입 밖으로 꺼낼 수 없었지요. 괴테는 이것이 비윤리적이고 불경하다는 것을 잘 알았답니다. 그런데도 마음과 달리 헤어나지 못하는 자신이 너무 싫었어요. 괴테는 병원에서 극심한 영양실조와 우울증이라는 진단을 받았어요.

　아버지는 괴테를 다시 고향으로 데려왔어요. 괴테는 배신으로 걷잡을 수 없이 분노하다가도 로테의 얼굴이 떠올라 눈물을 흘리기도 했어요. 이룰 수 없다는 생각 때문인지 로테를 더 사랑하게 되었어요.

　괴테는 끓어오르는 아픔을 글로

《젊은 베르테르의 슬픔》의 동기가 된 샤를로테 부프

달래기 시작했어요. 로테와의 첫 만남부터 마지막 모습까지 그간의 모든 일들을 써 내려갔지요. 괴테는 하얀 종이 위에 자신의 사랑과 번뇌를 아낌없이 토해 냈어요. 혼자서 간직할 수 밖에 없었던 상처가 책상 위에 수북이 쌓이자 마음의 안정이 조금씩 찾아들었어요.

베르테르의 순수한 슬픔을 쓰다

심한 사랑의 열병에서 회복된 후 괴테는 공부를 더 하고 싶은 생각이 들었어요. 그리고 다시는 베츨라르로 돌아가지 않으리라 마음먹었지요. 대신 고향 프랑크푸르트에 있는 대학의 도서관을 다니기 시작했어요. 젊은이들로 북적이는 대학가라 늘 활기가 넘쳤고, 그 분위기는 괴테에게도 전해졌어요.

그러던 어느 날이었어요. 괴테는 그날도 도서관에서 책을 읽고 있었어요. 주변에서 왁자지껄하게 떠드는 소리가 들렸어요. 알고 보니 예루잘렘이라는 학생이 권총으로 자살했다는 이야기였죠. 이유는 그가 결혼한 친구의 아내를 사랑했기 때문이라는 것이었어요. 괴테는 그 얘기를 듣는 순간 숨이 멎는 것 같았어요. 그 마음의 고통을 누구보다 잘 알았던 괴테는 자신도 모르게 벌떡 자리에서 일어났어요. 아물었던 상처가 다시 벌어지는 것 같았어요. 예루잘렘의 마음은 괴테의 마음이기도 했어요. 예루잘렘을 향한 사람들의 비난과 비웃음이 꼭 자신을 향한 것처럼 들렸어요.

자살은 물론 용납되어서는 안 되는 일이지만 예루잘렘을 죽게 만든 것은 낡은 관습 때문이라는 생각이 들었어요. 인간의 가장 숭고한 감정인 사랑은 어떤 상황에서도 비난 받을 이유가 되지 않는다고 생각했어요.

괴테는 예루잘렘을 위해, 또 자신을 위해 변론해야겠다고 생각했어요. 단순한 사랑 이야기가 아닌 부끄러움과 죄의식을 초월한 실제 이야기를 대변해 쓰기 시작했어요. 고통스러운 사랑, 이룰 수 없는 사랑에 대해 그대로 털어 놓았어요. 아픈

 사랑을 잊기 위해 썼던 지난 글들이 소설의 토대가 되었어요. 괴테는 자신과 예루잘렘의 순수하고 운명적인 사랑이 결코 부끄럽지 않았어요. 오히려 사람들이 그 순수함을 기억해 주길 바랐어요. 괴테의 창작열은 늦은 밤까지 식을 줄 몰라 촛불 하나를 켜둔 채 손가락 마디가 퉁퉁 붓도록 글을 썼어요. 괴테는 고해성사를 하듯 "진실되게, 더욱 진실되게!"만을 외쳤어요. 이렇게 완성된 소설이 바로 《젊은 베르테르의 슬픔》이에요.
 《젊은 베르테르의 슬픔》은 출간되자마자 세상을 발칵 뒤집어 놓았어요. 길거리의 젊은이들은 하나같이 책을 팔에 끼고 다녔고, 찻집에서는 주인공인 베르테르에 대한 이야기가 끊이질 않았어요. 《젊은 베르테르의 슬픔》은 유럽 전역으로 퍼져 나갔어요. 이때가 1774년, 괴테의 나이 스물여섯 살에 지나지 않았지만 그는 책 한 권으로 유럽에서 가장 유명한 작가가 되었어요.

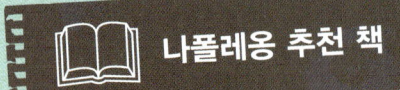

나폴레옹 추천 책

이집트 원정 길을 함께해 준 책
일곱 번 읽어도 감동은 여전해!

프랑스의 황제 나폴레옹(1769~1821)은 전쟁터 한복판에서도 책을 놓지 않을 정도로 지독한 독서광이었다고 해요. 대공(大公) 나폴레옹이 행차하면 그 뒤에는 늘 책을 잔뜩 실은 마차가 뒤따랐어요. 전문적으로 책을 관리하는 사람까지 고용했다고 하니 대단하지 않나요?
나폴레옹이 영웅이 될 수 있었던 것은 다양한 독서를 통해 학식과 교양을 쌓은 덕분이에요. 52년 동안 읽은 책이 무려 8천여 권에 이른다고 하니 정말 어마어마하죠? 이집트 원정길에 나설 때에는 《젊은 베르테르의 슬픔》을 품에 안고 일곱 번이나 읽었다고 전해져요.

프랑스 작가 일마쉐의 〈괴테의 인터뷰〉
독일 에어푸르트에서 나폴레옹을 만난 괴테와 빌란트의 모습이다.

《젊은 베르테르의 슬픔》은 유럽의 거리 풍경도 바꿔 놓았어요. 젊은 남자들은 작품 속에서 베르테르가 입었던 노란색 조끼에 푸른색 코트, 짧은 바지 안에 타이즈를 따라 입었어요. 여인들은 소설에 나오는 모양의 가구와 테이블보, 찻잔 등을 구하기 위해 가게 앞에서 오래 기다리는 것도 마다하지 않았어요. 길거리는 모두 《젊은 베르테르의 슬픔》으로 장식되었어요.

이런 세태를 경계한 문학계에서 이 책을 금서(禁書)로 분류하며 읽지 못하게 했어요. 반면 많은 평론가들은 젊음의 상징으로 높이 평가했지요. 이러한 논쟁은 오히려 《젊은 베르테르의 슬픔》을 더 유명하게 만들었어요.

소설은 로테와 베르테르의 사랑 이야기가 중심이지만, 한편으로는 당시 청년들이 품고 있는 갈등과 고뇌를 깊이 있게 잘 담고 있었어요. 단순한 애정 소설의 수준을 훨씬 뛰어넘었지요. 청년들의 걱정과 불안, 열정과 순수 사이에 갈팡질팡하는 모습을 우아하고 아름답게 표현한 것이 큰 매력이었어요.

자신들을 위한 '우아한 보고서'로 여긴 열혈 독자들이 끊임없이 편지를 보내 왔어요. 괴테의 집 앞은 전국에서 찾아온 사람들로 장사진을 이루었어요. 길거리에서도 괴테를 알아보는 사람이 많았지요. 괴테는 독일에서 가장 유명한 사람이 되었어요. 당시 유럽 최고의 권력을 누리던 나폴레옹도 괴테의 열혈 팬이었어요. 심지어 전쟁터에도 가슴에 《젊은 베르테르의

---

*장사진 많은 사람들이 줄을 지어 길게 늘어선 모양.

슬픔》을 품고 갔을 정도로 열심히 읽었어요.

그러나 《젊은 베르테르의 슬픔》은 매우 위험한 책이기도 했어요. 친구의 아내를 사랑하다가 자살을 택한 베르테르를 그대로 모방하는 젊은이들이 점점 늘어났기 때문이에요. 전 유럽으로 유행처럼 번져 2천여 명이 넘는 청년들이 세상을 등졌어요.

괴테는 너무 당혹스러웠어요. 생각지도 못한 일이었거든요. 괴테는 강연회를 찾아다니며 베르테르의 선택에 대해 원작자로서 의견을 말했어요. 대학에서 젊은이들을 만났고, 토론회가 열리는 곳에도 빠지지 않고 참석해 생명과 사랑의 중요성에 대해 말했어요. 그러나 청년들의 모방 자살은 소설의 인기에 비례해 쉽사리 멈춰지지 않았어요.

당시 유럽 사회는 중세에서 근대로 넘어가는 과도기 속에 가치관의 혼란과 대량 실업으로 큰 갈등을 겪던 시기였어요. 이때 급격한 사회 변화와 경제적 빈곤이라는 문제를 두고 심각하게 고민하던 청년들은 자살이라는 극단적 선택을 하곤 했는데, 《젊은 베르테르의 슬픔》이 여기에 기름을 부은 격이었어요. 단순히 모방만으로 설명할 수는 없는, 문학의 위대한 힘을 상기시키는 계기가 되었어요.

미국 사회학자 데이비드 필립스 인터뷰

베르테르 효과란?

안녕하세요, 데이비드 필립스 박사님. 박사님은 1974년 '베르테르 효과Werther effect'라는 용어를 처음 사용하셨는데요. 어떤 사회 현상을 표현한 건지 설명해 주세요.

자신이 존경하는 인물이나 사회적으로 영향력 있는 유명인이 자살할 경우, 그 사람과 자신을 동일시해서 자살을 시도하는 현상을 베르테르 효과라고 해요. 1774년 출간된 괴테의 첫 번째 베스트셀러 《젊은 베르테르의 슬픔》에서 따온 이름이지요. 당시 이 책이 유명해지자 고민하는 베르테르의 모습에 공감한 젊은 세대의 자살이 급증하는 사태가 벌어졌어요. 이 부분은 작가도 의도치 않았던 일이라 무척 안타까워 했다고 해요.

그렇군요. 정말 훌륭한 작품이지만 절대 따라 해선 안 될 위험한 행동이네요.

《젊은 베르테르의 슬픔》 1774년 초판

- 정치가의 행보를 걷다
- 사람의 마음을 읽는 괴테
- 광산 사업으로 자연을 탐사하다
- 진화론의 증거 '간악골'의 발견
- 명성을 뒤로하고 결국 떠나다

새로운 가치를 창조하기 위한 노력

정치에 첫발을 내딛다 3

사랑의 아픔을 극복한 괴테는 번데기를 벗어 던진 나비처럼 새로운 세상을 향해 날아갔어요. 아픔을 이길 수 있었던 건 혼자 숨겨 두지 않고 글로써 사람들과 나누었기에 가능한 일이었어요. 괴로웠던 과거를 《젊은 베르테르의 슬픔》에서 공개하자마자 많은 사람들의 공감과 위로를 끌어냈어요. 그러나 모방 자살이라는 예상치 못한 방향으로 흘러가자 무한한 책임을 느낀 괴테는 더 큰 일을 도모하기로 했어요.

정치가의 행보를 걷다

《젊은 베르테르의 슬픔》으로 얻은 괴테의 명성은 대단했어요. 젊은이라면 누구나 책의 한두 구절쯤은 암송할 줄 알았지요. 직위가 높은 귀족들도 꼭 만나 보고 싶어 하는 인물이 되었어요. 특히 독일 바이마르 공국의 대공비 안나 아말리아는 적극적으로 괴테를 만나고자 했어요. 예술과 학문에 조예가 깊었던 그녀는 그의 책을 읽고 큰 감명을 받았거든요.

안나는 괴테를 보기 위해 바이마르에서 프랑크푸르트로 직접 가겠다는 편지를 보냈어요. 영광스러운 일이었지만 괴테는 그리 달갑지만은 않았어요. 소설에 대한 칭송만을 하는 형식적인 사교 모임이 아닐까 의심스러웠어요. 그래서 만나기 힘들 것 같다고 조심스럽게 거절하는 답장을 보냈어요.

안나는 괴테가 직접 쓴 편지를 읽고 더더욱 만나고 싶

헤르더, 빌란트 등과 함께한 문학 사교 모임. 중간에 서 있는 사람이 괴테, 앉아 있는 여인이 안나 아말리아 대공비이다.

어졌고 이번에는 성의를 더해 사람을 보냈어요. 괴테는 결국 그녀의 방문을 허락했어요. 우여곡절 끝에 만난 자리에서 괴테는 그녀에게 상당히 좋은 인상을 받았어요. 여태껏 만난 여인 중에 안나는 가장 자상하고 현명한 사람이었어요. 게다가 예술적 소양이 뛰어나 말과 행동에서 기품이 자연스럽게 묻어났지요. 괴테는 인격적으로 훌륭하고 따뜻한 사람을 만나면 왠지 행복했어요. 대공비는 흠모하는 마음을 절로 우러나오게 하는 묘한 매력을 지닌 여인이었어요.

안나는 남편 에른스트 아우구스트 공이 일찍 세상을 떠난 뒤부터 혼자서 17년간 바이마르 공국을 통치했어요. 그녀는 인재를 널리 등용하고 공평한 정치로 사람들에게 높은 지지를 받은 뛰어난 정치가이기도 했어요.

대공비가 괴테를 보고 싶어 한 이유는 당시 열여덟 살이던 아들 카를 아우구스트 공작 때문이기도 했어요. 괴테보다 열 살이나 어렸지만 훌륭한 친구가 되어 줄 거라 생각했거든요. 공작은 모든 분야에 박식함을 자랑하는 예비 지도자였어요. 처음엔 거절했던 괴테도 대공비의 간절한 부탁과 공작의 진지함에 결국 손을 들었어요.

안나는 괴테와 아들이 서로 편하게 이야기를 주고받는 모습을 보고 흐뭇함을 감추지 못했어요. 사실 안나는 어린 공작이 정치적 동지가 없다는 것을 내심 걱정했거든요. 일찍 세상을 떠난 대공을 대신해 호시탐탐 권력을 빼앗으려는 귀족들을 상대로 정치적인 힘을 유지하기 위해서는 강력한 리더십이 필요했고, 그것을 충실하게 지켜 줄 사람이 필요했어요. 대공비는 그런 역할을 할 수 있는 인물로 괴테를 선택했던 거예요. 그녀의 눈에 괴테는 풍부한 지혜와 학식, 순수한 마음까지 갖고 있는 믿음직한 청년이었어요. 무엇보다 아들이 괴테를 좋아하고 따르는 것도 마음에 들었어요.

괴테는 이 기회에 뭔가 새로운 일을 할 수 있을 것이라고 생각했어요. 청년들의 자살을 막을 방법을 정치적으로 해결할 수 있지 않을까 생각했어요. 아무 사심 없이 순간적으로 내렸던 이때의 결정이 괴테를 오랫동안 바이마르 공국에 헌신하게 하는 결과를 낳았어요.

1776년 6월, 괴테는 공직자로서 공식 업무를 처음 맡았어요. 괴테에게 부여된 자리는 '추밀 외교 참사관'이었어요. 이는 카를 아우구스트 공작이 내리는 최종 결정에 가까이서 마지막 조언을 주는 자리였지요.

바이마르의 귀족들은 낯선 이방인을 경계했어요. 공작이 형제처럼 따르는 모습을 보며 사사건건 의심의 눈초리로 괴테를 살폈어요.

"글쟁이 주제에 정치를 하겠다고? 할 줄 아는 게 있긴 할까?"

"프랑크푸르트 사람이 바이마르를 위해서 일한다는데 뭔가 다른 꿍꿍이가 있지 않겠어?"

그들은 괴테가 들리도록 큰 소리로 떠들었어요. 괴테는 사람들의 언동에 크게 관심을 두지 않았어요. 오히려 괴테는 말보다 행동을 바르게 하고 오해를 하나씩 바꿔 가면 된다고 생각했어요. 괴테는 바이마르 공국의 행정을 배우려고 열심히 노력했어요. 문학과 예술에 대해서는 누구보다 잘 알고 있었지만 군사나 재무 설계 같은 업무는 이해할 수 없는 것들이 많아 차근차근 익혀 갔어요.

안나 아말리아가 *섭정에서 물러나고, 드디어 아들 카를이 대공에 올라 바이마르 공국을 다스리게 됐어요. 대공 카를 아우구스트는 어려운 판단을 할 때마다 누구보다 먼저 괴테에게 물었고 그의 의견을 존중했어요. 대공은 때로는 아버지같이, 때로는 친형같이 괴테를 정치적 스승으로 대했어요.

---

*섭정 군주가 직접 통치할 수 없을 때 군주를 대신해 나라를 다스림.

바이마르의 대공 카를 아우구스트(1757~1828)
괴테를 장관으로 초청해 바이마르의 학문과 예술 진흥을 위해 힘쓰도록 한 인물이다.

두 사람은 개인적인 사교 모임이나 정치 행사를 할 때도 항상 함께 있었어요. 대공이 신뢰하는 괴테는 사람들에게도 점점 인기를 얻어 갔어요. 젊은 나이에 높은 지위에 오른 괴테였지만 항상 겸손하게 사람들을 대했기에 가능했어요.

괴테는 갈수록 업무가 매우 매력적이라는 것을 알게 됐어요. 시민들을 위해 좋은 정치와 행정을 한다면 이보다 더 좋은 일이 없다고 생각했지요. 사람들의 마음을 풍요롭게 하는 것은 예술과 문학만이 아니라는 생각이 들었어요. 행정을 할 때는 항상 선량한 마음으로, 사람을 중심에 두어야 한다고 생각했어요.

시민을 위한 정치는 형식보다 마음이 중요했어요. 결정권이 있는 사람의 마음이 순수할 때 나라가 건강하게 움직인다고 믿었어요. 대중들의 인기를 끌거나 권력에 욕심을 부리는 방법은 굳이 알려고 하지 않았어요. 괴테는 하지 않아도 될 일을 먼저 찾아서 하는 것이 지도자의 역할이고 의무라고 생각했어요. 그러기 위해서는 아는 것이 힘이었어요. 사람을 알고, 세상을 알고, 자연의 이치를 알아야 했어요.

사람의 마음을 읽는 괴테

　괴테는 정치가로서 다양한 사람들에게 많은 것을 배웠어요. 언어도 다르고 직업도 다르지만 스스로를 낮추고 상대의 것을 습득하려는 사람도 많다는 것을 알게 되었어요. 괴테는 마음의 벽을 허물고 배우기를 부끄러워하지 않았어요. 생각이 달라도 그들에게 도움이 되고자 노력했어요. 괴테는 표정과 말투만 봐도 그 사람의 속마음을 꿰뚫어 볼 수 있었어요. 아무리 친절한 낯빛으로 다가오는 사람이라도 순수하지 않은 사람처럼 보이면 절대 가까이하지 않았어요. 물론 겉으로 내색하는 법은 없었어요. 다만 어떤 사심을 갖고 있거나 거만한 사람이면 대공에게도 어울리지 못하도록 충고했어요. 괴테는 선하고 순수한 사람만이 사회와 국가에 도움이 된다고 믿었고, 대공도 그러하기를 바랐지요. 이러한 괴테 덕분에 카를 주변에는 늘 인품과 능력을 갖춘 인재가 많았어요.

　바이마르 공국이 정치적으로 안정되자 괴테에 대한 귀족들의 신임도 조금씩 생겨나기 시작했어요. 그러나 괴테가 신분에 상관없이 모든 사람에게 동등하게 대하는 모습에는 여전히 불쾌함을 감추지 못했어요. 당시 유럽은 왕족과 귀족, 서민의 신분 차이가 엄격한 사회였거든요. 인재를 등용하는 기준도 귀족인지 아닌지에 따라 달랐어요. 귀족들은 자신의 기득권을 지키기 위해 노력했고, 그것이 기존의 질서를 유지하고 평화를 지킨다고 믿었어요.

그러나 괴테는 혈통과 가문이 껍데기에 불과하다고 생각했어요. 겉모습에 속아 그 속마음을 보지 못하면 언젠가는 배신을 당한다는 것을 알았지요. 괴테는 순수한 사람이라면 그가 비록 길거리의 떠돌이라 하더라도 스스럼없이 대화할 수 있었어요. 탁월한 천재성을 지녔고, 겸손했고, 남을 배려하는 성품까지 가진 괴테는 바이마르 공국의 시민들에게 존경 받는 유명 정치인이 되었어요.

괴테는 가끔 지인들에게 자신이 직접 그린 초상화를 선물로 주곤 했어요. 괴테는 화가는 아니었지만 그림 솜씨가 매우 뛰어났어요. 그의 초상화는 뭔가 특별한 게 있었어요. 사람의 분위기나 느낌을 묘하게 잘 담았어요. 초상화가 마음에 들지 않을 경우에는 시를 한 편 써 주기도 했어요. 사람들은 모두 괴테의 그림과 시를 갖고 싶어 했어요. 세계적인 대작가인 괴테에게

단 하나뿐인 자신만의 작품을 선물받는다는 것은 큰 행운이었거든요.

광산 사업으로 자연을 탐사하다

한편 괴테는 일메나우에 있는 황폐한 숲을 광산으로 만들려고 했어요. 숲속에 숨어 있는 광물들을 잘 활용할 수만 있다면 사람들에게 큰 도움을 줄 수 있을 것 같았어요. 거대한 산에서 광물의 줄기를 찾는 일은 생각보다 전문적 지식이 많이 필요했어요. 괴테는 막대한 돈과 노동력을 퍼붓고도 성공하지 못한 사례를 봤기 때문에 일메나우 광산 개발 사업에 신중하게 접근했어요.

어떤 광물이 나올지 정확히 예측하고 그에 맞는 작업을 하는 것이 가장 중요했어요. 그래서 괴테는 광물에 정통한 지질학자들에게 자문을 구했어요. 직접 광물학 관련 책을 찾아보며 연구하기도 했지요. 처음에는 낯설기만 하던 광물 이름들이 점차 익숙해졌어요. 괴테는 광물학과 지질학, 그리고 생태학에 관련된 책을 보고 또 보며 공부했어요. 그러다가 책으로는 부족하다고 생각하고, 일메나우 산으로 직접 가서 살폈어요. 괴테는 매일 산에 가서 바위와 흙을 손으로 만지며 지질적인 특징을 살폈어요.

아예 숲에 천막을 치고 그곳에서 지낸 적도 많았어요. 광산 사업은 마법사의 주문이나 기적에 의해 이루어지는 것이 아니라 자연과학 지식을 바탕으로 철저한 관찰과 분석을 통해 이루어진다는 믿음 때문이었어요.

두 달간 산에서 지내는 동안, 괴테는 숲과 친구가 되었어요. 물론 광산 사업이 성공할 것이라는 과학적인 자료도 얻었지요.

드디어 괴테는 광산 개발의 본격적인 작업을 지시했어요. 충분한 탐사를 거쳤으므로 광산 노동자들이 바위를 자르고 돌을 깨뜨리는 데 망설임이 없었어요. 지축을 흔드는 폭발음이 일메나우 산을 뒤흔들었어요. 괴테는 광산의 입구를 조금씩 조정해 가면서 최적의 위치를 골라 개장하도록 지시했어요. 하지만 도처에 위험이 도사리고 있었지요.

1779년 6월 어느 날, 괴테가 현장을 보려고 숲으로 들어가던 중이었어요. 매캐한 냄새가 나더니 붉은 불길이 삽시간에 번졌어요. 괴테는 우왕좌

네덜란드 작가 얀 뤼켄의 그림. 당시 괴테가 일메나우 광산을 개발하던 모습을 상상할 수 있다.

왕하는 사람들을 직접 지휘했어요. 여러 사람들이 달려들었지만 바람이 쉽게 사그라지지 않았어요. 몇몇 운 좋은 사람은 간신히 화재 현장에서 벗어났지만, 많은 사람들이 유독 가스에 노출되거나 온몸에 화상을 입었어요. 불길은 좀처럼 잡히지 않았어요. 산과 인근 마을까지 태운 뒤에야 겨우 불씨가 꺼졌어요.

괴테는 산이 갑자기 무서워졌어요. 잿더미와 함께 순식간에 운명을 달리한 사람들을 보며 위대한 자연이 아니라 거대한 재앙의 분출구처럼 느껴졌어요. 어릴 때 보았던 대지진도 꼭 이런 모습이었다는 생각이 들었어요. 그러나 그때와는 좀 달랐어요. 지진은 예상할 수 없는 상황에서 일어났지만, 산불은 그런 것이 아니었어요. 사람들의 안일한 생각과 잘못된 관습이 대형 화재를 불러일으켰다고 생각했어요. 여기까지 생각이 미치자 괴테는 가슴이 터질 듯 괴로웠어요. 총지휘를 자처한 괴테였기에 부상자와 사망자를 앞에 두고 큰 죄책감에 휩싸였어요. 가족을 잃은 사람들의 통곡을 뒤로한 채 괴테는 돌아섰어요. 얼굴을 들 수 없었어요. 하지만 이대로 물러설 수는 없었어요.

"다시는 이런 일이 일어나서는 안 돼. 정확한 원인을 알아야 해. 이곳에서 무슨 일이 일어났는지 모조리 말이야."

괴테는 화재에 대한 대비를 철저하게 해야겠다고 생각했어요. 불이 나지 않도록 예방하는 방법과 혹시 불이 나더라도 당황하지 않도록 미리 훈련을 한다면 피해를 최소화할 수 있을 것 같았어요. 그러기 위해서는 일

어날 수 있는 모든 화재의 경우를 일목요연하게 정리할 필요가 있었지요. 괴테는 화재 예방과 진압을 위한 전문가를 모았어요. 어떤 사람은 어쩌다 한 번 일어나는 자연 재해를 막기 위해 예산을 너무 많이 낭비한다고 비판했어요. 하지만 괴테는 아랑곳하지 않았어요. 괴테는 소방법을 제정하고, 건축물 관리와 정비를 체계적으로 정돈해서 화재로 인한 인명 및 재산 피해를 줄이는 일에 최선을 다했어요. 할 수 있는 일이고, 해야 할 일이라면 지금 당장 해야 한다고 믿으며 힘 있게 밀어붙였어요. 괴테는 한번 시작한 일은 깨끗하게 마무리될 때까지 멈추지 않았어요. 불을 이해하는 일뿐만 아니라 물의 흐름도 알아야 화재 대비가 가능하다는 것을 알고 하수도까지 재정비했어요. 괴테는 이 일로 모든 시민들이 안전하고 편안해질 것이라는 확신을 가졌어요.

진화론의 증거 '간악골'의 발견

*화마가 지나간 후 산의 풍경은 매우 낯설었어요. 하지만 광산 개발을 중단할 수는 없었어요. 괴테는 이번 개발 사업을 자신의 손으로 끝내고 싶었어요. 괴테는 다시 광산에서 숙식을 해결하며 지내기 시작했어요.

땅을 파헤칠 때마다 신비롭고 알 수 없는 광물들이 마구 쏟아져 나왔지

---

*화마 화재를 마귀에 비유해 이르는 말.

요. 눈으로는 구분할 수 없는 것들이 가득했답니다. 괴테는 책에서 읽은 것보다 자연이 보여 주는 것을 제대로 아는 것이 더 중요하다는 생각이 들었어요. 그리고 자연의 비밀을 그대로 기록하기 시작했어요.

채굴 현장에서 흙과 함께 묻힌 동물과 사람의 뼈들이 무더기로 나왔어요. 처음에는 쳐다보지도 않았지만 어느 순간 그 뼈들을 모아 잘 묻어 줘야겠다고 생각했어요. 그런데 뼈의 형체가 비슷하게 생겨서 맞추는 것이 쉽지 않았어요. 괴테는 해부학 책을 가져와 책에 그려진 대로 뼈를 맞춰 보았어요. 버려진 뼈를 다시 모으고 맞추는 일은 살아 있을 때의 움직임을 상상하며 퍼즐을 맞추는 것과 같았어요. 괴테는 이때 익힌 이론을 바탕으로 이후 바이마르의 자유제도연구소에서 학생들에게 해부학 강의를 하기도 했답니다.

1784년 봄, 어느 날이었어요. 괴테가 이번에는 태아의 뼈를 발굴했어요. 괴테는 다른 때와 마찬가지로 태아의 뼛조각을 하나하나 맞춰 나갔어요. 그러다가 성인의 뼈에서는 찾기 어려운 조각 하나를 발견했어요. 바로 동물에게 있지만 사람에게는 없는 간악골이었어요. 괴테는 왜 이것이 태아의 뼈 더미에 섞여 있는지 이해할 수 없었어요.

간악골은 위턱의 앞부분에 있는 한 쌍의 뼈를 가리켜요. 콧구멍 앞 중앙에 있는 뼈이지요. 모든 포유류의 앞니는 여기에서 나와서 중요한 역할을 하지만, 인간에게는 분명히 없는 뼈였어요. 그런데 지금 괴테의 눈앞에 간악골이 발견된 거예요. 태아의 두개골에 분명히 있었어요.

"아기일 때 뼈의 개수는 약 350개인데 어른이 된 뒤에는 약 206개로 줄어드는군."

괴테는 골똘히 생각하며 계속 혼잣말을 했어요.

"많았다가 줄어든다……. 그렇다면 서로 합쳐졌다는 건데. 태아의 뼈가 원형에 가깝겠구나."

괴테에게는 더 많은 자료가 필요했어요. 그래서 개와 양 같은 동물의 뼈와 사람의 뼈를 하나씩 비교하면서 형태를 연구하기 시작했어요. 서로 공통점을 찾아 비교하고 다른 부분은 어떻게 다른지, 또 어째서 다른 모양인지 대조해 갔어요. 그리고 확실히 결론을 내릴 수 있었어요. 인간에게도 동물과 마찬가지로 간악골이 존재했다는 사실을 말이에요. 엄마의 뱃속에서 태아일 때에는 있지만 태어난 후 상악골과 붙어버려 봉합된 흔적으로 남아 있거나 아예 그 흔적조차 남아 있지 않은 것을 훗날 과학 기술로 찾아낼 수 있었지만, 당시로서는 괴테가 처음 발견한 거예요. 그래서 지금도 간악골과 상악골이 붙은 흔적을 '괴테 봉합'이라고 부른답니다.

괴테는 간악골의 존재를 학계에 알렸어요. 중대한 발견이었어요. 동물과 인간을 비교해 가면서 생명을 연구하는 방법도 당시 새로운 시도였어요. 더욱이 동물과 인간이 같은 뿌리에서 나왔다는 간악골은 진화의 증거로서 큰 의미가 있었어요. 단순히 뼈 하나를 찾았다는 것 이상의 의미가 있었지요. 인체의 분화 과정을 태아 때부터 거슬러 올라간 것도 특별했지만, 더 중요한 것은 이것이 생물 진화론의 중요한 단서가 되었다는 거예요.

　18세기 유럽은 기독교적 세계관이 지배하고 있었어요. 인간은 하느님이 창조하셨다는 절대적 믿음을 갖고 있었지요. 그런데 동물과 인간이 유사하게 생긴 뼈 구조를 갖고 있고, 이것이 변형되어 왔다는 증거들은 인간과 동물의 생성을 뒤흔들 수 있는 혁명적 자료라고 할 수 있었어요. 한마디로 절대적인 가르침인 창조론을 뒤집는 증거였어요.

　간악골의 발견으로 괴테는 의학계와 과학계에서도 큰 족적을 남긴 인물로 평가되었어요. 특히 괴테의 연구 방법은 '비교 해부학'이라는 학문으로 발전했어요. 괴테는 동물과 인간의 뼈에 공통점이 많다는 것을 알고 있었어요. 네 발로 걸어 다니는 동물과 두 다리로 걷는 만물의 영장인 인간 사이에 이토록 비슷한 점이 많다니 놀라운 일이었어요.

　그로부터 약 40년이 지나 찰스 다윈이 진화론을 세상에 내놓았어요. 다윈은 1859년 《자연선택에 의한 종의 기원》이라는 책에서 치열한 생존 경쟁에서 선택되는 유리한 변이가 아주 오랜 세월이 흐른 뒤에 전혀 다른 종으로 진화해 간다는 주장을 했어요. 다윈의 생각은 당시 종교계에 큰 저항과 비판을 받았지요. 그런데 괴테는 이보다 훨씬 이전에 진화론의 가능성을 찾았던 거예요.

　괴테는 그 후에 한 번 더 과학계를 깜짝 놀라게 하는 발견을 하게 됐어요. 괴테는 베네치아를 여행하던 중 유대인의 묘지가 발견되었다는 소식을 들었어요. 해부학에 남다른 관심이 있었던 괴테는 많은 뼈를 직접 볼

닥터 괴테의 의학 정보

간악골이란?

척추동물의 위턱뼈 앞부분의 바깥쪽, 안쪽에 있는 한 쌍의 뼈입니다. 포유류는 간악골에 앞니가 붙어 있어요. 사람의 경우에는 태아 때에 다른 동물들처럼 독립된 뼈로 존재하지만 출생 직전 상악골과 붙어 그 일부가 되고, 출생 후에는 봉합되어 그 흔적만 남거나 아예 사라져요.

18세기 무렵까지는 인류에게 간악골이 없는 것으로 알려졌으나, 괴테가 태아의 두개골을 조사하여 간악골과 상악골이 봉합된 흔적을 발견했고, 인류에게도 간악골이 존재했음을 입증했어요.

간악골이 있던 자리

아쉽게도 내가 죽기 1년 전에야 협회로부터 인정을 받았어요.

수 있는 좋은 기회다 싶어 한달음에 달려갔어요. 한껏 들뜬 마음으로 갔지만 이미 발굴단이 와서 현장이 거의 다 정리된 상태였어요. 아쉬움에 발굴단이 꺼내 놓은 뼈들을 이리저리 살피다가 해질녘이 되어서야 그곳에서 빠져나왔어요.

그리고 숙소로 돌아가는 길목에서 바짝 말라 있는 모래 더미를 발견했어요. 호기심에 손을 쑥 집어넣어 보니 딱딱하고 날카로운 물체가 여러 개 잡혔어요. 또 다른 뼈들이었어요. 그런데 인간의 뼈가 아니라 양의 뼈였어요. 괴테는 모래를 걷어 내며 뼛조각을 더 찾아냈어요. 그리고 자신이 찾아낸 뼈들을 이리저리 하나씩 천천히 살폈어요. 그때 괴테는 두개골에 있어야 할 뼈들이 척추골에 있는 것을 발견했어요.

"어? 어떻게 뼈들이 척추골에 있지? 만약 이게 사실이라면 두개골과 척추골은 같은 구조라는 것인데……. 혹시 골격을 이루는 모든 뼈는 원래 하나에서 시작되어 여러 형태로 갈라져 나가는 것은 아닐까?"

괴테는 머릿속으로 상상을 해 봤어요. 양의 두개골에서 시작해 척추까지 이어지는 하나의 뼈가 각각 갈라져 뼈 전체 모양으로 갖추어 가는 과정이 파노라마처럼 지나갔어요. 괴테는 머리에 떠올랐던 뼈의 원형과 변형 과정을 그 자리에서 세밀히 그렸어요. 등뼈에서 머리뼈로, 또 팔과 다리뼈로, 엉덩이뼈로 어떻게 변하는지 써 넣었어요. 모든 뼈의 근본은 척추에 있다고 생각하면서 말이에요. 뼈의 형성과 근원은 매우 단순한 것에서 나와 복잡하게 분화되어 간다고 믿게 되었어요.

그 후 괴테는 신체의 모든 기관이 척추골에 있는 생명의 에너지에서 분화되었다고 주장했어요. 당시 과학자들은 가설에 의한 이론이고 근거를 세울 수 없다며 받아들이지 않았답니다. 하지만 괴테의 믿음은 흔들리지 않았어요. 기독교의 창조론이 지배한 시대에 생명체의 변형을 체계적으로 설명하고자 했던 괴테의 시도는 그야말로 대단했어요.

명성을 뒤로하고 결국 떠나다

괴테는 광물학, 지질학, 해부학, 생물학 등 다양한 영역에서 전문적인 지식을 쌓으며 자연 과학자로서의 명성을 차곡차곡 쌓아 나갔어요. 《젊은 베르테르의 슬픔》을 썼던 문학가가 아니라 과학자로서 강연하는 횟수가 점점 늘어났지요.

그러나 괴테는 작품을 쓰는 일도 절대 게을리하지 않았어요. 광산 개발과 해부학 연구로 바쁠 때에도 하루의 시작은 언제나 집필로 시작했어요. 새벽부터 정오까지 가급적 책 읽기와 글쓰기에 많은 시간을 투자했어요. 문학을 읽고 창작하는 순간만큼은 가장 자유롭고 행복했기 때문이에요. 괴테는 이때 다양한 문학 작품을 발표했어요. 대표적인 작품으로 《빌헬름 마이스터의 연극적 사명》, 《비밀들》, 《농담, 간계 그리고 복수》 등이 있어요. 괴테는 하루하루 정말 바쁜 시간을 보냈어요.

괴테는 궁정에서 사무를 보는 시간이 점점 더 많아졌어요. 더불어 책임을 져야 할 일들도 많아졌지요. 괴테는 이곳에서 하는 모든 일들이 시민들에게 큰 영향을 준다는 것을 알았으므로 아무리 작은 일이라도 최선을 다했어요. 그래서 더욱 부지런히 움직였고 주어진 일들을 다 해내기 위해 스스로를 채찍질했어요.

바이마르 공국에서 괴테의 영향력은 매우 컸어요. 도시 건설, 예술 진흥, 군사 행정, 하수도 설치 등 괴테의 판단과 결정이 미치지 않는 곳이 없었어요. 시민들은 괴테를 훌륭한 행정가로 칭송하기를 주저하지 않았고 대공 카를의 신임 역시 날로 두터워 갔어요.

그러나 위기는 한순간에 왔어요. 괴테가 바이마르 공국에서 대공을 도와 정치를 시작한 지 10년이 다 되어 가던 때였어요. 괴테는 어느 순간 깊은 회의감과 피로함에 꼼짝도 못하게 되었어요. 8년이 넘게 진행됐던 일메나우 광산 개발이 순조롭게 개장되자 안도감과 함께 긴장이 풀어지면서 극도의 피로가 찾아온 것이었어요. 언제부터였는지 알 수 없지만 쉬고 싶다는 생각이 괴테의 마음을 강력하게 지배하기 시작했어요. 괴테의 영혼과 육신은 완전히 지쳐 버렸고, 시간이 지날수록 행정 업무에도 소홀하게 되었어요. 이러다가는 몸도 상하고 시민들과 대공에게도 큰 어려움을 줄 수 있겠다는 생각에 궁정에서의 생활을 그만두기로 마음을 먹었어요.

괴테는 훌훌 여행을 떠나기로 결심했어요. 문득 어렸을 때 아버지와 함께 가 본 적 있던 이탈리아로 가야겠다는 계획이 섰어요. 아버지가 입버릇처럼 힘들 땐 이탈리아로 떠나라고 했던 것을 떠올렸어요. 새로운 목표가 생기자 괴테는 다시 몸에서 에너지가 생기는 것만 같았어요. 그곳에 가면 새로운 자신을 만날 수 있을 것이라 생각했어요. 괴테는 발길 닿는 대로, 눈길 보이는 대로 여행하면서 자연스럽게 운명에 자기 자신을 맡겨 보고 싶다는 생각을 했어요.

곧 괴테는 대공에게 허락을 구했어요. 몹시 당황한 카를은 절대 허락할 수 없다며 괴테를 말렸어요. 그러나 그의 결심을 돌이킬 수는 없었어요.

카를은 괴테를 진심으로 아끼고 사랑했으므로 괴테에게도 충전의 시간이 필요하다는 것을 잘 알고 있었어요. 카를은 반드시 돌아오겠다는 약속만 해 준다면 허락하겠다고 한걸음 물러섰죠. 괴테는 그저 웃을 뿐이었어요. 이제는 정말 떠나는 일만 남았어요.

1786년 9월 3일 새벽 3시. 그날은 서른여덟 해를 맞는 괴테의 생일이었어요. 괴테는 함께 축하해 줄 친구들을 뒤로한 채 이른 새벽, 기약할 수 없는 여행의 첫발을 내딛었어요. 괴테의 이탈리아 여행은 훗날 친구들에게 엄청난 공분을 샀어요. 갑자기 사라진 괴테 때문에 모두 속앓이를 했거든요. 하늘로 솟았는지 땅으로 꺼졌는지 소식조차 들을 수 없었어요. 괴테의 빈자리가 2년이나 계속되자 급기야 모두 괴테가 죽었을 거라고 생각했어요.

완벽하게 혼자인 여행, 낯선 나라에서 자신과 진실하게 마주하고 싶었던 괴테. 그는 과연 어떤 여행을 한 걸까요?

- 거대한 자연사 박물관 앞에 서다
- 건축물이 괴테에게 말을 걸다
- 완전한 예술품은 그 자체로 생명력을 갖는다
- 식물학에도 관심을 가지기 시작하다
- 과거의 괴테는 잊어라

다양한 지식의 융합

이탈리아, 아! 이탈리아

4

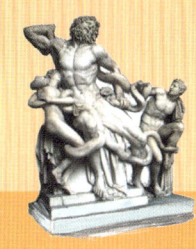

이탈리아는 참 독특한 곳이었어요. 세상에 없는 게 없는 보물섬 같은 곳이었죠. 거리 곳곳이 거대한 박물관이자 미술관이었어요. 고대의 신들이 살아 움직이는 것 같았고, 천혜의 선물인 자연 풍경이 한눈에 들어오는 곳이었어요. 괴테는 이탈리아 여행이 자신을 바꿔 놓을 것을 직감할 수 있었어요. 마음으로만 꿈꾸던 일을 드디어 해냈다는 자부심에 이탈리아가 더욱 소중하게 보였어요. 자, 그럼 우리도 괴테와 함께 이탈리아 여행을 떠나 볼까요?

거대한 자연사 박물관 앞에 서다

괴테는 1786년 9월부터 1788년 4월까지, 정확히 1년 9개월 동안 이탈리아를 여행했어요. 괴테라는 이름을 철저히 숨긴 채 이탈리아 거리를 걸어 다녔지요. 이름만 대면 이탈리아에서도 최고급 호텔에서 공짜로 잘 수 있었고, 최고위 인사들에게 접대를 받으며 귀족 여행을 즐길 수 있었지만 그

러지 않았어요. 괴테는 《젊은 베르테르의 슬픔》을 썼던 작가로서의 명성도, 바이마르 공국의 재상을 지냈던 영광도 모두 벗어 버렸어요.

이탈리아는 괴테의 상상 그 이상이었어요. 괴테가 살던 유럽 북부와는 매우 다른 광경에 경이로움이 터져 나올 정도였어요. 이성적이고 합리적인 독일과 여러모로 대조를 이루는 나라였어요. 하다못해 과일부터 건축물과 도시 풍경, 심지어는 사람들의 표정도 정반대였어요.

괴테는 바이마르에서 출발해 이탈리아 북부 지방 볼차노, 그리고 베네치아, 피렌체, 로마, 나폴리, 시칠리아 섬까지 발길 닿는 대로 자유롭게 걸었어요.

"그냥 지나칠 수야 없지. 오래오래 기억에 남겨야겠어."

딱히 목적지가 없었기에 머물고 싶은 곳이면 언제라도 짐을 풀고 그림을 그리거나 시를 썼어요. 어떨 때는 하늘을 지붕 삼아 길에서 잠을 잘 때도 있었어요.

특히 로마의 미로 같은 거리를 걸을 때는 발걸음 하나하나에 흥분을 감출 수 없었어요. *곤돌라를 타고, 거리의 음식을 사 먹으며 홀로 여행의 즐거움을 만끽했어요. 때로는 오페라와 연극을 보기 위해 공연하는 날까지 숙소도 정하지 않은 채 며칠간 떠돌기도 했어요. 누군가 억지로 이끄는 일도 없었고 나가라며 밀어내는 일도 없었어요. 그저 자신이 만들어 가는 하루하루를 즐겼어요.

괴테는 최대한 이탈리아의 예술을 즐기려고 노력했어요. 지중해 작은 섬으로 건너가 그곳의 조개와 달팽이, 식물 등을 자세히 관찰했어요. 예술혼이 채워질 때까지 더 많이 보고, 더 많이 느끼고 싶었어요. 괴테는 일반 관광객들처럼 휴식을 목표로 여행하지 않았어요. 이탈리아에서만 만날 수 있는 예술을 체험하기 위해 고단한 일정을 마다하지 않았어요. 자연과 하나가 되기 위해 무던히 노력했어요. 그러는 동안 시도 성숙하고 예술 감각

***곤돌라** 운하에 띄우는 유람용 배를 가리켜요. 베네치아는 운하가 도로 역할을 하는 수상도시예요.

도 성장하리라 믿으며 공부하듯이 여행했어요.

　이탈리아에 머물며 괴테는 그동안 자신이 믿었던 이성과 철저한 합리주의를 지향하는 독일의 역사에 대해 반성하게 되었어요. 감성과 감정, 열정과 낭만의 소중함에 새로운 눈을 떴어요. 이탈리아에서 체험한 자연과 예술품의 관찰로 얻은 상상력은 괴테가 죽을 때까지 창작하고도 남을 만큼 감흥과 영감을 주었어요.

　괴테는 자신이 보고 느낀 것 모두를 기록했어요. 기록할 때는 나름의 원칙을 정해서 작은 것부터 가지런히 정리했어요. 처음에 잘 기록하지 않으면 나중에 뒤죽박죽 섞여서 결국 사용할 수 없는 휴지 조각에 불과해진다는 것을 알았거든요. 괴테는 비슷한 내용끼리 묶었어요. 내용을 세분화해서 같은 것끼리 모아 놓으면 나중에 필요할 때 바로 꺼내 볼 수 있었어요. 철저한 기록과 정리는 괴테가 평생 많은 책을 남기고 세계적인 대작가로 남을 수 있는 위대한 습관이 되었어요. 어디에 가서 잠을 자고 차를 마셨는지, 무엇을 보고 어떤 점을 느꼈는지 치밀하고 질서정연하게 기록으로 남겨 두었어요.

　괴테는 나폴리를 거쳐 시칠리아와 로마로 이어지는 21개월에 걸친 대장정의 이야기를 훗날 《이탈리아 여행》이라는 책으로 출간했어요. 책에는 괴테가 낯선 여행지에서 겪은 어려움들이 하나도 빠짐없이 다 담겨 있어요. 이 책은 고향에 있는 친구들에게 보내는 편지글로 되어 있어요. 이탈리아 여행에 대한 호기심을 자극하는 책으로 지금도 여전히 유럽인들에게 인기

괴테와 함께 이탈리아 여행

괴테는 21개월에 걸쳐 혼자 이탈리아를 여행하는 동안 건축물과 조각, 그림을 감상하면서 일기와 그림을 기록했어요. 그것이 바로 《이탈리아 여행》이라는 기행서예요.

로마에 와 보지 않고서는 여기서 무엇을 배우게 될지 전혀 알 수 없다. 아주 평범한 사람도 이곳에 오면 상당한 인물이 되며 최소한 하나의 독특한 개념을 얻게 될 것이다.

POINT! 성 베드로 성당
예술도 자연처럼 모든 척도를 초월할 수 있다는 것을 증명해 보인 건축물.

나폴리 사람들은 언제나 즐겁다. 나폴리를 낙원이라고 여길 정도다. 이곳의 왕은 사냥을 즐기고 왕비는 희망에 차 있다. 나폴리 사람들은 "죽기 전에 나폴리를 꼭 봐야 한다."고 말한다.

POINT! 솔파타라 화산
연기가 살아 있는 활화산을 볼 수 있다.

가 있답니다. 괴테가 머물렀던 숙소, 식당, 카페, 의자, 심지어 음식 메뉴까지 괴테를 닮고 싶어 하는 사람들이 이탈리아로 속속 모여들고 있어요. 괴테를 사랑하는 사람들이 그의 고향인 독일이 아니라 이탈리아로 간다는 것은 참 재미있는 일이에요. 덕분에 독일과 이탈리아에는 200년이 넘은 지금까지도 괴테의 흔적이 고스란히 남아 있지요.

건축물이 괴테에게 말을 걸다

괴테는 이탈리아에 가기 전부터 건축에 관심이 많았어요. 그래서 이탈리아의 대극장 건물과 대성당을 둘러보며 꼼꼼히 스케치했어요. 자신의 두 눈으로 위대한 건축물을 실측하고 싶다는 욕구가 컸어요. 그래서 다가서고 물러서기를 반복하며 건축물 전체를 보려고 애썼어요. 그리고 건축가의 의도와 정신을 찾으려고 노력했어요. 단순히 건물은 형태로 그치는 게 아니라 정신이 함께 존재한다고 믿었거든요. 구조물 하나에도 건축가의 정신이 조화를 이뤄 위대한 작품으로 표출된다고 여겼어요. 지나다가 아름다운 건물을 보면 무조건 그곳에서 하룻밤을 머물렀어요. 집주인과 건물에 대해 이런저런 이야기를 나누다 보면 건축가의 의도를 찾아낼 수 있었어요.

어느 날 괴테는 중세의 유명한 건축물인 한 여관에 머물렀어요. 괴테는 여관 주인과 늦게까지 대화하다가 잠이 들었어요. 다음 날 아침, 눈을 떠

보니 괴테가 묵은 방에 덩치 좋은 경찰관 두 명이 들어와 있었어요.

"저자예요! 저자가 스파이에요!"

여관 주인이 괴테를 손가락으로 가리키며 외쳤어요. 마을 사람들이 첩자가 나타났다고 신고한 것이었어요. 괴테는 영문도 모른 채 경찰서로 끌려갔어요.

조사를 받는 내내 괴테는 황당했어요. 밤새도록 정답게 이야기를 나눈 여관 주인과 마을 사람들이 자신을 신고했다니 믿어지지 않았어요. 사실 여관 주인은 여관 구석구석의 비밀을 괴테가 다 알고 있어서 수상하다고

생각했어요. 지은 지 200년도 넘은 건물을 마치 직접 설계한 사람처럼 상세히 구조를 설명했고, 심지어 사용된 건축 자재의 비율까지도 잘 알고 있었거든요. 그러니 여관 주인의 입장에서는 자신의 건물을 빼앗으려는 외국 첩자가 틀림없다고 생각했지요.

경찰관들이 괴테의 가방을 뒤지기 시작했어요. 가방을 열자 하필이면 괴테가 전날 낮에 그려 두었던 여관 건물의 구조도와 설계도가 나왔고, 멀리 언덕 위에서 그린 드로잉도 쏟아져 나왔어요. 꼼짝 없이 이 건물만 몰래 조사한 사람으로 몰릴 판이었어요. 괴테는 열심히 해명했어요.

"전 절대 스파이가 아니에요. 이탈리아를 사랑하는 여행객일 뿐이라고요. 이건 여기 건축물이 정말 아름다워서 열심히 관찰하고 그린 거예요. 믿기 힘들겠지만 보다 보면 건축물이 말을 걸어온다고요. 나는 그것을 받아 적었을 뿐이에요."

아무리 설명해도 경찰관과 마을 주민들은 믿지 않았어요. 경찰관은 의심의 눈빛으로 물었어요.

"그럼 대체 건축 당시의 상황까지는 어떻게 아는 겁니까? 몇백 년이 흘렀다는데."

"건축 자재도 누구든 알 수 있어요. 보세요, 건물 틈이 이렇게 갈라진 걸 보면 모래와 물의 비율이 어땠는지, 그때 기후까지 짐작할 수 있어요. 나는 눈에 보이는 대로 이야기한 거예요."

만약 괴테가 독일 바이마르의 재상을 지냈다는 것과 유럽을 떠들썩하게 만든 《젊은 베르테르의 슬픔》의 작가라는 것을 밝혔다면 상황이 달라졌을 거예요. 하지만 괴테는 굳이 자신의 신분을 밝히면서 위기를 넘기고 싶지 않았어요. 무엇보다 정체가 드러나서 이대로 비밀 여행이 끝나는 것을 결코 바라지 않았어요.

경찰관들은 정처 없이 떠도는 것처럼 보이는 독일 여행객을 매우 수상히 여겼어요. 어딘가 귀족 같은 용모인데 수행원 하나 없이 가방 하나만 달랑 든 채 여행을 다닌다는 것이 흔한 일은 아니었거든요.

괴테는 결국 감옥에 갇혔어요. 스파이가 아니라는 명백한 증거가 나올 때까지 풀어 줄 수 없다는 것이었어요. 무슨 방법이 없을지 한참 생각한 끝에 어릴 적 아버지와 함께 이탈리아로 여행 왔을 때 만났던 먼 친척이 떠올랐어요. 곧 직접 와서 해명해 주시면 좋겠다는 편지를 써서 보냈지요. 손꼽아 기다리던 친척이 일주일 만에 왔고, 그제야 괴테는 다시 자유인이 될 수 있었어요.

괴테는 직업, 출신, 신분 같은 것들을 내려놓고 가장 순수하게 인간 '괴테'와 마주하고 싶었어요. 괴테 그대로의 모습으로 자연을 느끼고 사람들을 보고 싶었어요. 물이 위에서 아래로 예외 없이 흐르고, 태양이 졌다가 반드시 떠오르는 대자연의 경이로움을 온몸으로 느끼고 싶었어요. 세상에서 일어나는 모든 일을 편견 없이 느끼고 경험하겠다는 마음뿐이었어요. 특히 시끌벅적한 시장에서 소박한 상인들과 어울리는 것은 큰 기쁨이었어요. 그들과 함께 있을 때 귀족들에게는 느낄 수 없는 편안함이 있었어요.

가식과 위선 없이 솔직하게 살아가는 사람들에게 진정한 행복을 느꼈어요. 당당함과 솔직함이 가장 인간답고 가장 아름답다는 것을 깊이 체험하고 있었어요.

완전한 예술품은 그 자체로 생명력을 갖는다

"말도 안 돼! 이걸 사람이 그렸다고? 도저히 믿을 수가 없어. 소문은 들었지만 직접 보니 놀라울 따름이야. 인간의 한계란 정말 어디까지일까? 도대체 어떻게 그린 거지? 사람 하나하나가 모두 살아 움직이고 있잖아!"

밀라노에 있는 성당의 벽화 앞에서 괴테는 화석처럼 얼어붙었어요. 괴테의 눈을 사로잡은 것은 바로 레오나르도 다빈치가 그린 〈최후의 만찬〉이었어요.

쩌렁쩌렁 감탄하는 바람에 모든 사람들이 괴테를 이상하게 쳐다봤어요. 평소 예의를 중시하는 괴테였지만 위대한 걸작 앞에서는 이성을 붙잡을 수 없답니다. 괴테는 가슴 깊은 곳에서 끓어오르는 뜨거운 감정을 억누르지 못했어요. 괴테는 계속해서 탄성을 쏟아 냈어요.

"이거야! 진정한 예술이라면 그 자체로 살아 숨 쉬어야 해! 와, 이것 좀 봐. 식탁 한가운데 예수님께서 지금 말씀하시는 게 여기까지 들리는 것만 같아!"

그림 속에서 "너희 중 한 사람이 나를 배반할 것이다."라고 말씀하시는

성서를 정확히 해석한 〈최후의 만찬〉

레오나르도 다빈치의 벽화 〈최후의 만찬〉
예수의 마지막 발언 후 제자들의 가지각색 반응을 그린 작품이다.

〈최후의 만찬〉은 레오나르도 다빈치(1452~1519)가 자신의 후원자였던 루도비코 스포르차 공작의 요청으로 밀라노에 있는 산타마리아 델라 그라치에 성당에 그린 천장 벽화예요. 세로 420 cm, 가로 880 cm에 이르는 대작으로서 규모가 웅장하지요. 다빈치가 1495년부터 2년에 걸쳐 그렸는데, 16세기부터 훼손이 심해 여러 차례 복원을 거듭하고 있는 것으로도 유명해요. 이 작품은 제목대로 예수의 마지막 날에 있었던 최후의 만찬을 그린 거예요. 예수가 "너희 가운데 한 사람이 나를 팔아넘길 것이다."라고 말하자 놀라움, 의심, 두려움, 걱정 등으로 반응을 나타내는 제자들의 모습이 담겨 있어요. 성서 속에서 표현된 각기 다른 기질의 제자들을 정확히 표현해 내기 위해 해부학을 본격적으로 시도한 사람이 레오나르도 다빈치였어요. 두개골을 면밀히 연구한 후 그 형태에 따라 제자들의 생김새를 결정하고 표정이나 몸짓을 표현했어요.

그리스 시대 최고의 걸작
라오콘 군상

1506년 1월, 이탈리아 로마에 있는 산타마리아 마조레 대성당 인근 포도밭에서 밭을 갈던 농부가 라오콘 군상을 처음으로 발견했어요. 서른을 갓 넘긴 젊은 미켈란젤로가 이 때 조각상을 감정하면서 '예술의 기적'이라며 찬탄을 금치 못했다고 해요. 고대 그리스 조각 중 가장 위대한 작품이라고 평했지요.

이 조각상에 숨은 이야기를 알고 보면 참 흥미로워요. 라오콘은 아폴로를 섬기는 트로이의 제왕이었어요. 트로이 전쟁 때 아테네 군이 목마를 두고 철수하자 라오콘은 이를 조심해야 한다고 사람들에게 경고하지만 아무도 믿지 않았어요. 결국 라오콘의 행동은 신들의 노여움을 샀고, 포세이돈이 바다에서 보낸 커다란 뱀 두 마리에 의해 라오콘은 질식당하고 말았어요. 사랑하는 두 아들과 함께 말이에요.

라오콘 군상은 넘치는 기상과 해부학적인 완벽성을 갖추고 있어 현존하는 조각상 중 단연 으뜸으로 손꼽혀요. 몸을 비트는 역동적인 자세와 해부학적으로 완벽한 근육은 지금 봐도 손색없을 정도예요.

라오콘 군상
기원전 175년에서 150년경 사이에 제작된 걸로 추정된다. 무려 2 m가 넘는 높이로, 로마 바티칸 미술관에 소장되어 있다.

듯한 환청이 들려왔어요. 그 말을 들은 열두 제자들이 당황하고 불안한 눈빛을 서로 나누는 것 같았어요.

"수군거리는 사람, 놀라는 사람, 공포에 떠는 사람, 걱정하는 사람, 이 안에 모두 있어. 이 사람들이 무슨 생각을 하는지 다 알겠어. 바로 이거야. 몸의 움직임에서 마음을 느낄 수 있는 것! 이것이 진정 예술가가 해야 할 일이야."

괴테는 레오나르도 다빈치에 흠뻑 빠졌어요. 예술이 도달할 수 있는 최고의 모습이라고 생각했어요. 완벽한 아름다움을 간직한 예술 작품과 그것을 만든 예술가에 대한 존경심이 점점 커지는 순간이었어요.

"탁자의 무늬도 당시 수도사들이 사용했던 걸 그대로 재현했어. 양쪽 가장자리에 수놓은 무늬나 수도사들이 사용했던 접시와 유리잔까지 모든 것이 다 성서에 나온 그대로야. 어떻게 이런 게 가능하지? 다빈치가 옆에서 보고 있었던 것도 아닌데. 정말 놀라워."

괴테는 위대한 작품 앞에서 자신이 보잘것없다고 생각했어요. 다빈치의 〈최후의 만찬〉은 감히 도전할 수 없는 성역에 있다고 생각했어요.

괴테는 고대 그리스의 조각품인 '라오콘 군상'을 바라보면서도 비슷한 감정을 느꼈어요. 조각상은 그리스 로마 신화의 '트로이아의 최후'에 등장하는 라오콘과 두 아들이었어요. 책에서 많이 봤지만 눈으로 직접 보니 너무 달랐어요. 그동안 단편적으로 알고 있던 지식이 부끄러워졌어요.

　보는 사람을 압도하는 장엄함과 살아 숨 쉬듯 뿜어내는 에너지는 한 마디 비명조차 지를 수 없게 했어요. 라오콘의 머리카락 끝에서부터 발가락 하나까지 그 모습 그 자체로 완전무결한 작품이었어요. 뱀에 물려 고통스럽게 죽음을 맞고 있는 라오콘과 두 아들의 심정이 생생히 느껴질 정도였어요. 자신이 공부했던 해부학이 얼마나 하잘것없었는지 라오콘 군상을 보며 깊이 알게 되었어요. 조각상에는 인체의 근육과 골격이 해부학적 지식에 근거해 아름답게 새겨져 있었어요. 각각 자세에 따라 다르게 움직이는 근육들이 정확한 위치에 선명히 빛나고 있었어요. 힘이 넘치는 골격 때문에 라오콘과 두 아들이 꼭 살아서 비틀대는 것만 같았어요. 괴테에게 말할 수 없는 감동이 밀려들었어요. 인간의 고통이 고스란히 느껴지는 훌륭한 조각상이었어요.

괴테는 처음부터 다시 배워야겠다고 생각했어요. 이탈리아 화가인 앙겔리카와 그의 친구들에게 도움을 받기로 했어요. 사람의 겉모습을 그리면서도 감정과 생각을 표현해 내는 예술가들이야말로 인체의 비밀을 가장 잘 알고 있는 사람이라고 생각했어요. 괴테는 화가 친구들에게 전문적으로 그림을 배웠고 직접 그린 소묘와 수채화를 수백 편이나 남겼어요. 자세히 대상을 관찰할수록 더 좋은 그림을 그릴 수 있다는 것이 매력적이었어요. 그래서 괴테는 글로 담지 못하는 분위기를 책 속에 삽화로도 많이 남겼어요.

괴테는 이탈리아에서 만난 예술 작품에 대한 분석과 감상을 모아 책으로 엮었어요. 이것이 그 유명한 역작 《예술론》이에요. 이탈리아에서 봤던 조각상, 그림, 건축물에 대해 괴테만의 방식으로 예술평론서를 남겼어요. 이 책에는 당시 예술품들에 대한 꼼꼼한 관찰이 자세히 남아 있어요.

식물학에도 관심을 가지기 시작하다

"땅에 뿌리를 맞대고 있는 식물이야말로 자연의 뜻을 가장 그대로 간직한 생명체 아닌가!"

괴테는 식물원을 둘러보며 평화로운 세상이 따로 없다고 생각했어요. 이탈리아를 여행하는 동안 이름과 권위를 벗어던지고 자연과 사람들 속에 어울렸어요. 그러면서도 문학과 예술에 관련된 것이라면 어떤 자리라도 가리지 않고 참석했어요. 세계적 명성을 얻은 괴테가 계속 발전할 수 있었던 이유는 낯선 것을 두려워하지 않았던 성격 덕분이에요. 괴테는 여행지에서 창작에 대한 열정과 의욕을 되찾았어요. 여행은 평범한 것을 다르게 보이도록 만들어 주었고, 자신이 알고 있던 것을 한 번쯤 다시 보게끔 이끌어 주었어요.

여행 중 우연히 들른 작은 도시 팔레르모의 한 식물원에서 괴테는 잊을 수 없는 경험을 했어요. 괴테의 눈앞에 있는 것은 작은 풀 한 포기였어요. 이 식물이 꼭 괴테에게 말을 걸어오는 듯했어요.

"내가 식물들의 비밀을 알려 줄게. 우리 모두 겉모습은 달라도 다 같은 뿌리에서 나온단다. 뿌리와 줄기, 꽃과 암술, 수술이 원래는 모두 하나였거든."

괴테는 식물의 원형에 대해 생각했어요. 그 후 계속된 연구를 통해 '근원 식물'에 대한 개념을 세웠어요. 괴테는 식물들의 잎맥이 뻗어 나가는 것을 보고 식물이 자라는 데 중요한 근본이 있다고 가정했어요. 그리고 식물의 작은 생명 조직인 '배아'가 나중에 식물의 '줄기'로, '잎'으로, '꽃'으로 변형되어 간다고 결론을 내렸어요. 즉 배아 안에 이미 줄기와 잎과 꽃이 될 모든 정보가 들어 있다는 가설을 세운 것이었어요.

괴테의 근원 식물론은 현대 과학에서 유전자 분석 등으로 가능한 일이지만 당시로서는 낯설고 새로웠지요. 어찌 보면 허무맹랑해 보이기도 했어요. 하지만 괴테는 여러 증거들을 모아 식물 원형론을 과학적으로 설명해

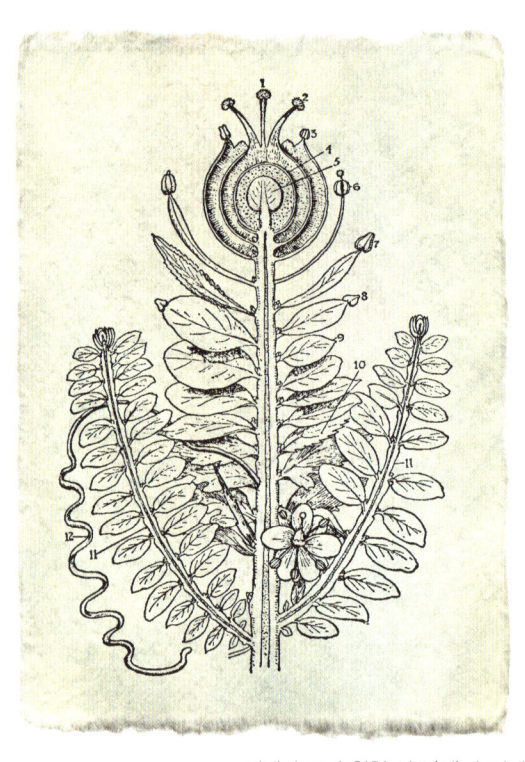 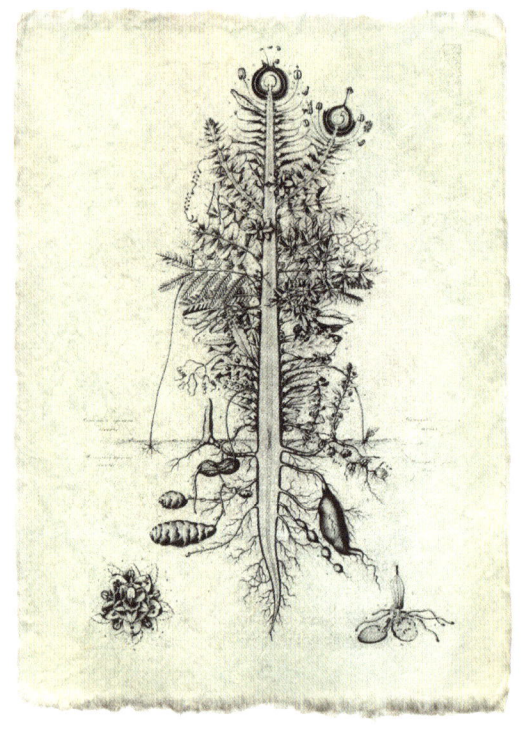

괴테가 그린 원형 식물(좌)과 괴테의 글대로 화가가 재현한 원형 식물

냈어요. 식물들의 사실적인 관찰을 바탕으로 수백 장에 가까운 그림을 오징어 먹물로 그리며 얻은 것이었어요.

괴테는 이탈리아의 작은 식물원에서 발견한 식물과의 인연을 시작으로 1790년 《식물의 변태론》을 완성했어요. 이 책은 당시 식물학계를 깜짝 놀라게 했어요. 괴테가 그린 식물 삽화들이 매우 사실적이고 정확한 분류 체계를 갖추고 있었거든요. 물론 괴테를 비웃는 사람들도 많았지요. 예술가가 주장하는 허황된 이론이라고 거들떠보지 않았답니다. 그러나 생명체의 유전자가 밝혀진 이후 괴테의 식물학은 재평가되고 있어요.

과거의 괴테는 잊어라

긴 여행을 마친 괴테는 카를 대공과의 약속대로 바이마르로 돌아왔어요. 돌아온 괴테는 예전의 괴테가 아니었어요. 이탈리아 여행 전과 후가 완전히 달라졌거든요. 우선 외모가 변했어요. 지중해의 뜨거운 태양 때문에 피부는 구릿빛으로 바뀌었고 몸은 더욱 탄탄해져 훨씬 젊어 보였지요.

바이마르 귀족들은 달라진 괴테에게 쉽게 다가가지 못했어요. 친구들도 괴테로부터 멀어졌어요. 비밀리에 떠나 버린 괴테가 서운하기도 했지만 너무나도 달라진 모습이 몹시 당황스럽기도 했어요. 괴테는 작은 세계에 갇혀 있는 친구들이 답답해 보였어요. 하지만 억지로 설득하거나 이해시키려고 애쓰지 않았어요. 대신 이탈리아에서 접했던 위대한 예술을 독일의 예술 문화로 새롭게 펼쳐 보이겠다는 계획을 세웠어요.

"카를 대공! 저는 더 이상 정치를 하고 싶지 않습니다. 그동안 소홀했던 예술가로서의 길을 다시 가야겠습니다."

괴테는 카를에게 바이마르의 문화와 예술 부흥에 전념하고 싶다고 말했어요. 대공은 건강한 모습으로 괴테가 궁정에 돌아온 것만으로도 충분히 반갑고 감사했어요. 그래서 그의 말을 흔쾌히 받아들였어요. 대공은

바이마르 공국에 예술을 총괄하는 부서를 새로 만들었고 장관직에는 괴테를 앉혔어요.

괴테는 예술이야말로 모든 사람들의 삶을 행복하게 바꿀 수 있다고 확신했어요. 예술에 대한 오랜 역사가 반복되고 있는 이탈리아처럼, 진정 사람을 풍요롭게 하는 일은 예술을 통해 이루어진다고 믿었어요. 괴테는 특별히 연극에 애정을 쏟았어요.

1791년, 괴테는 바이마르 국립 극장의 총책임을 맡으면서 대중이 외면했던 독일 극단을 인기 있는 극단으로 탈바꿈시켰어요. 괴테는 자신의 작품을 무대에 올리기도 했어요. 작품성은 물론, 흥밋거리를 많이 담아 귀족과 서민이 모두 즐길 수 있는 공연을 기획했어요. 유럽까지 소문이 퍼지자 좋은 문학 작품들이 무대에 서기 위해 줄을 섰어요. 괴테는 때로는 배우로, 때로는 극작가로, 때로는 연출가로 다방면에서 활약했어요.

이탈리아 여행 후에 또 달라진 것이 있다면 바로 괴테의 결혼관이었어요. 괴테는 워낙 매력적인 사람이었기 때문에 여인들의 사랑을 늘 한 몸에 받아 왔어요. 여러 여인과 교제를 했지만 결혼하고 싶다는 생각은 한 적이 없었어요. 결혼은 연애와 별개라고 생각했지요. 사랑하는 여인이라도 갑자기 결혼하자고 하면 도망쳤어요. 변하지 않는 사랑이란 세상에 없다고 생각했어요. 사랑하는 사람을 평생 사랑할 자신도 없었고 결혼이라는 제도에 묶여 사랑을 강요당할 것 같았어요. 이는 자신은 물론 상대방도 불행하게 만드는 일이라고 판단했어요. 과거의 연인이었던 로테를 결코 잊지 못해서가 아니었어요. 괴테는 스스로를 결혼할 수는 없는 남자라고 생각했어요. 괴테의 결혼관은 당시 시대적 배경과도 관련이 깊어요. 신분에 따라 가문에서 정한 사람과 결혼해야 했는데, 괴테는 이것이 몹시 비인간적이라고 생각했어요. 차라리 결혼을 하지 않는 것이 순수한 사랑을 지키는 최선이라고 믿었어요.

이랬던 괴테가 이탈리아에서 돌아온 지 한 달 만에 한 여인과 결혼을 꿈꾸게 되었어요. 놀라운 변화였지요. 밝고 아리따운 크리스티아네 불피우스 때문이었어요. 그녀는 귀족 출신도 아니고 부유한 집안의 자녀도 아니었어요. 가난한 소시민 가정에서 태어나 자연 그대로의 순수함이 그대로 묻어나는 아름다운 아가씨였어요. 신분 차이가 매우 컸지만 그런 것쯤 중요하지 않았어요. 괴테에게는 너무나 소중한 여인이었어요. 신분만큼이나 나이차도 컸어요. 당시 마흔이던 괴테보다 크리스티아네가 열일곱 살이나 어렸어요. 둘은 함께 살게 되었어요. 공공연하게 결혼식을 올리진 못했지만 진심으로 서로 사랑했고, 평생을 약속했어요. 그리고 20년 만에 크리스티아네의 소원으로 성대한 결혼식을 치르게 됐어요.

두 사람은 그렇게 화목하고 행복한 가정생활에 만족하며 살았어요. 하지만 결혼은 안타깝게도 괴테를 귀족 사회에서 더욱 고립시키는 계기가 되었어요. 서민 출신의 아내를 맞았다는 사실만으로 귀족 친구들은 괴테에게 모욕감을 주었어요. 괴테를 다시는 안 보겠노라고 선언하는 친구도 있었지요. 그러나 괴테는 신경 쓰지 않았어요. 편견을 가진 다른 사람의

시선보다는 자신이 진정으로 사랑하는 여인을 지켜 주는 것이 더 중요했기 때문이에요. 괴테는 혹시라도 아내가 주변 사람들에게 괴롭힘을 당하지나 않을까 오히려 염려했어요.

괴테는 친구들이 집에 놀러 와도 크리스티아네와 접촉하지 않도록 배려했어요. 다만 괴테의 작품 속에서만큼은 누구의 편견도 없이 아내 크리스티아네를 그리며 연인으로 표현했지요. 특히 관능적인 아름다움과 자유로운 사랑을 담은 《로마의 비가》라는 소설은 괴테가 크리스티아네에게 바치는 사랑의 이야기로 유명하답니다. 크리스티아네가 쉰한 살의 나이로 괴테보다 먼저 세상을 떠나는 순간까지 다섯 아이를 낳아 키우며 행복하게 살았어요.

만약 괴테가 이탈리아로 여행을 다녀오지 않았더라면 어땠을까요? 아마 그 누구와도 결혼하지 않고 살았을지 몰라요. 여행은 사색과 고뇌의 지식인을 목적과 열정이 넘치는 행동가로 바꿔 놓았어요. 이때 괴테는 "바로 지금, 여기에서 할 수 있는 모든 것을 하겠다."라며 용기가 제일 중요하다는 것을 깨달았어요. 사람들의 눈치를 살피며 머뭇거리기에는 인생은 너무 짧다고 생각했어요.

크리스티아네와의 사랑

괴테가 이탈리아에서 돌아온 지 4주가 지난 어느 날이었어요. 친오빠의 청원서를 들고 괴테를 찾아온 한 여인이 있었지요. 갈색 머리에 순박해 보이는 둥근 얼굴의 크리스티아네는 괴테와 그렇게 처음 만났어요.

크리스티아네는 아버지의 행실 때문에 오랫동안 빈곤을 면치 못했어요. 일찍이 엄마와 사별해 스스로 독립해서 살아가야 하는 불행한 소녀였어요. 그녀는 공장에 다니고 있었으나 오빠가 실직 상태라 취직을 부탁하기 위해 괴테를 찾아온 것이었죠.

괴테는 그녀의 청을 흔쾌히 받아들였어요. 그 뒤로 두 사람은 자주 만났어요. 교양이 있는 것도 아니고 아름다운 편도 아니었으나 괴테는 그녀에게 점점 호감을 느끼기 시작했어요.

둘은 금세 사랑에 빠졌고 곧 결혼했어요. 크리스티아네는 그동안 결혼하지 않겠다던 괴테의 생각까지 바꿔 놓았지요.

괴테는 아내의 동생은 물론, 유모까지도 프라우엔프란 저택의 뒤채에서 살게 해 주었어요. 그 후로 이 가족은 오랫동안 괴테의 돌봄을 받으며 살았어요.

괴테와 결혼한 여인 크리스티아네 불피우스

- 식물 변형론을 제기하다
- 빛과 어둠으로 자연을 이해하다
- 뉴턴에게 도전장을 내밀다
- 심리 치료와 미술 교육에 활용된 색채론

남다른 과학기술 창의력

한번 시작하면 멈추지 않는다 5

괴테는 문학 작품을 통해 자연에서 얻은 삶의 지혜를 형상화하려고 노력했어요. 그리고 가끔 "시인이기에 앞서 자연과학자로서 인정받고 싶다."라고 말하기도 했어요. 가장 아름다운 인간은 자연의 이치에 맞게 산다고 믿어 왔지요. 당시 괴테가 그린 동·식물 해부학 그림은 지금 컴퓨터 3D 카메라로 촬영한 것과 비슷할 정도로 매우 입체적이고 정밀했어요. 어떻게 그것이 가능했을까요?

식물 변형론을 제기하다

"역시 괴테가 오니 누에들이 다시 포동포동해졌구먼."
 아버지가 신바람 나서 말했어요.

 괴테는 자연만큼 무궁무진한 상상력을 키워 주는 건 없다는 것을 알았어요. 그래서 자연을 좋아했고, 누구보다 자연을 잘 이해했어요. 관찰하고 또 관찰해도 항상 새로운 것들이 자연 속에 있었어요.

 풀잎 위를 기어 다니는 애벌레를 보면서 인간과 참 많이 닮았다고 생각했어요. 우주 만물을 관통하는 원리는 단순하면서도 공통적인 것이 아닐까 생각했어요. 괴테는 식물, 곤충, 동물, 그리고 인간을 종합적으로 설명하는 생명 이론을 세우고 싶었어요. 그래서 끊임없이 관찰했지요.

 괴테가 관찰에 본격적으로 관심을 가진 것은 아버지가 누에 사업을 시작했을 때였어요. 괴테는 대학생 때부터 방학이면 집에 가서 누에를 돌보는 일을 전적으로 도왔어요. 누에가 생각보다 예민해 환경이 조금만 달라져도 죽기 일쑤였는데, 괴테는 누에치기에 남달랐어요. 한 단계씩 자라는 누에의 생태를 섬세히 관찰해 장소를 옮겨 주기도 하고 온도나 습도를 조정해 주기도 했어요. 괴테는 누에의 성장 과정을 정확히 이해했지요. 덕분에 괴테가 누에를 돌보면 통통하게 살이 오르고 실도 잘 뽑아냈어요.

 누에는 애벌레에서 여러 번의 변태 과정을 거쳐 나방으로 변하는 동물

이에요. 괴테는 이 과정을 지켜보며 성장의 고통과 위대함이 인간에 다르지 않다고 생각했어요. 청소년기의 우울함과 예민함은 성충이 되기 전의 번데기 시기와 같았어요. 그래서 괴테는 작품을 통해 인생을 누에에 빗대기도 했어요.

"축복 받은 청년들은 의식이 없는 번데기로 지내지 말고 고치를 뚫고 나와야 한다."

"이건 뭐지? 꽃인가? 누가 일부러 만들어 놓았나? 대체 어떻게?"

어느 날 괴테는 정원 산책을 하다가 곤충들이 잔뜩 모여 있는 장미꽃 무더기에 눈길이 갔어요. 다른 꽃들 사이에서 이상하게 생긴 꽃 하나가 고개를 빳빳이 들고 있었어요. 괴테는 무심히 지나치지 않고 얽혀 있는 가시덩굴을 걷어 봤어요. 살펴보니 붉은 장미꽃 위에 나뭇잎이 또 매달려 있었어요. 꽃잎의 암술과 수술이 있어야 할 자리에 줄기가 뻗어 나와 있고 잎이 연결되어 있었지요. 이상한 꽃이었어요.

괴테는 궁금한 점이 한두 가지가 아니었어요. 우연히 생긴 기형 식물에 생명체의 비밀이 숨어 있을 것이라 믿었어요. 괴테는 원리를 알아내면 모든 식물의 생태에 대해 알 수 있을 것 같은 예감이 들었어요. 곧 기형 장미를 뿌리째 조심히 옮겨 와서 작은 화분에 심고 관찰하기 시작했어요.

우선 겉모습을 세밀화로 그렸어요. 그다음엔 날카로운 칼을 이용해서 나뭇잎과 꽃의 줄기를 조심스럽게 갈랐어요. 속을 보면 해답이 있을 것 같았어요. 단면을 봐서는 어디까지가 줄기인지, 꽃인지 구별하기 어려울 만큼 하나로 연결되어 있었어요. 다른 정상적인 꽃들의 단면을 잘라서 서로 비교해 봤어요. 여러 켜로 쌓인 꽃잎과 줄기의 단면을 손으로 뜯어보기도 하고, 그 부분을 확대해서 그려 보기도 했어요. 눈을 감고서 씨앗이 꽃잎을 틔우기까지의 전 과정을 머릿속으로 떠올려 보았어요.

'식물 변형론'의 아이디어를 얻은 기형 장미

괴테는 변형 과정에 우리가 예상하지 못한 비밀이 숨어 있다고 생각했어요. 어디서, 어떻게 분화가 일어나는 것인지 찾고 싶었어요. 당시 식물학계의 거장인 칼 폰 린네의 책을 다시 찾아봤어요. 린네는 식물의 분류에 큰 획을 남긴 학자였지만, 괴테의 궁금증을 완벽히 해결해 주진 못했어요. 린네의 분류 방식은 식물 자체를 이해하는 데 한계점이 있었어요. 그의 이론은 살아 있는 생명체로서의 특성을 알려 주기보다는 식물을 나누고 쪼개서 그것들이 어떤 식물과 서로 유사한지 묶어서 설명하는 것이

'식물학의 아버지' 칼 폰 린네(1707~1778)
약 4천 종의 동물, 5천 종의 식물에 대해 연구하며 생물의 학명을 통일했다.

었어요. 괴테는 겉만 보고 분류하기보다 식물의 본질, 생명에 대한 이해가 먼저라고 생각했어요. 그래서 괴테에게는 이 기형 장미꽃이 특별했어요.

괴테는 이후 3년 동안 식물 연구에 열중했고, 1790년 드디어 《식물의 변형론》을 출간했어요. 괴테는 이 책을 통해 성장 과정을 '수축'과 '확장'이라는 독특한 개념으로 설명했지요. 이런 개념은 당시 식물학자들에게는 매우 낯선 것이었어요.

"줄기에서 잎으로 확장해 매우 다양한 하나의 형태를 가지게 된 변형 기관이 꽃받침에서 수축했다가 꽃잎에서 다시 확장한다. 또 마지막으로 열매로 확장하기 위해 생식기관(수술과 암술)에서 다시 수축한다."

많은 식물학자들이 괴테의 이론에 주목했어요. 식물들의 성장 과정을 이해하는 데 도움이 될 수 있겠다고 생각했어요. 기형 장미꽃도 수축과 확장으로 이해하면 한 단계 과정을 더 거친 것으로 설명해 낼 수 있었지요.

괴테가 발견한 기형 식물은 이후에도 많은 연구가 이루어졌어요. 1869년 《식물 기형학》이라는 책을 발표한 영국의 식물학자 맥스웰 마스터스는 괴테의 기형 장미꽃이 바이러스에 의해 생태 질서가 교란되어 엽화(葉化)된 것이라고 설명했어요. 괴테가 전체 식물계의 성장을 하나의 원리로 설명하고자 했다면, 맥스웰은 변형의 원인이 된 물질을 밝혀 낸 것이었어요.

괴테의 식물 변형론은 자연을 이해하는 데 관찰이라는 과학적 방법과 근본 원리를 가정하는 철학적 방법을 접목시킨 아주 독특한 식물학 이론이라고 할 수 있어요. 꽃받침과 꽃잎, 암술과 수술처럼 실존적 형태는 모두 달라 보여도 수축과 확장이라는 변형 원리에 의한 것일 뿐 본질적인 속성은 같다는 것이 괴테의 생각이었으니까요. 그래서 어떤 이들은 괴테를 식물학자라기보다는 *자연 철학자로 손꼽기도 한답니다.

자연 현상을 정확히 이해하기 위해서는 눈에 보이지 않는 분자와 원자의 단계까지 일일이 살펴보는 것도 방법이겠지만, 전체 생태학을 관통하는 근본 원리를 찾는 것도 매우 중요해요. 괴테는 후자의 방법으로 식물을 이해한 대표적인 학자라고 할 수 있어요. 이는 괴테의 문학 작품에도 잘 나타나 있어요.

엽화가 심하게 일어난 장미꽃 봉오리의 단면
꽃 구조가 어느 정도 남아 있기도 하고 완전히 소멸되기도 한다.

***자연 철학자** 자연 철학은 과학과 신학, 윤리학이 결합된 형태로 나타난다. 괴테는 관찰을 통해 얻은 사실로 자연의 본성을 설명하려고 했기 때문에 과학적 태도, 즉 증거와 분석을 중시 여긴 자연 철학자이다.

괴테가 나비를 관찰하고 쓴 시를 잠시 살펴볼까요?

모든 형상은 비슷하나 똑같지는 않으니
이들 형상들이 모여 신비한 법칙, 신성한 비밀을 암시해 준다. (중략)
식물들이 생성하며 점차 자라
단계에 따라 꽃 피우고 열매 맺는 일을 바라보라. (중략)
모든 식물은 네게 영원한 법칙을 고하니
모든 꽃이 점점 소리 내어 너와 이야기하니
네가 여기, 여신의 신성한 글귀를 해독해 낸다면
모든 곳에서 그 글을 다시 보게 되리라.
비록 글씨가 다르다 할지라도
애벌레가 주저하며 기어 다니지만
곧 나비가 되려고 분주하고
사람도 모습이 계속 바뀌어 가지 않는가?

괴테가 언급했던 신성한 비밀들은 현대 과학자들이 발견한 '유전자'에 담겨 있어요. 당시 괴테는 개념을 구체적으로 제시할 수 없었지만, 생명체의 모든 속성을 담고 있는 추상적 존재가 있다고 확신했던 과학자였어요.

빛과 어둠으로 자연을 이해하다

"하늘이야말로 다양한 색을 갖고 있구나. 그 색깔들을 구별해서 그려 내는 화가라면 세상의 모든 색을 알고 있을지도 모르겠어."

어릴 때부터 그림을 좋아한 괴테는 색깔에 관심이 많았어요. 직접 화가처럼 그리기도 했기 때문에 색에 대한 궁금증이 더욱 많았지요. 그중에서도 '하늘색'을 표현하는 데 특히 흥미를 느꼈어요. 하늘은 아무리 보아도 이해하기 어려운 대상이었어요. 시시때때로 변화하기 때문에 그림을 그릴 때 제일 어려웠어요. 괴테는 하늘을 연구해 보기 위해 여러 화가들의 그림을 살피기 시작했어요.

괴테는 먼저 니콜라 푸생의 〈두 발을 적시고 있는 여인과 풍경〉을 주의 깊게 봤어요. 그림을 보면 볼수록 구름과 하늘이 조화롭게 표현되어 한가롭고 평화로운 느낌을 받았어요. 또 비슷한 분위기라도 클로드 로랭의 〈목동들이 있는 풍경〉과 또 다른 느낌을 주었어요. 두 그림은 모두 하늘이 화폭의 반을 차지하지만, 그 표현하는 색깔이 전혀 달랐어요. 푸생의 하늘은 희고 파란 느낌이라면, 로랭의 하늘은 붉고 따뜻한 느낌이었어

'프랑스 회화의 아버지'로 칭송 받는 니콜라 푸생(1594~1665)의 〈두 발을 적시고 있는 여인과 풍경〉

프랑스가 배출한 빛의 화가 클로드 로랭(1600~1682)의 〈목동들이 있는 풍경〉

요. 단순히 한 가지 색이 아니라 여러 가지가 섞여 있는 듯했어요. 서로 다른 색이지만 이것이 하늘이라는 느낌은 정확히 전달해 주었어요. 결국 색은 자연을 이해하는 열쇠라는 생각이 들었어요.

하얀색이라고 생각했던 구름을 검은빛으로 그리는 화가도 있었고, 붉은색 꽃잎을 푸른빛으로 표현한 화가도 있었어요. 괴테는 다양한 그림을 따라 그려 보면서 화가의 눈으로 자연의 색을 오롯이 볼 수 있는 능력을 키워 갔어요.

그러던 어느 추운 겨울날이었어요. 괴테는 눈으로 하얗게 뒤덮인 독일 하르츠 지역의 브로켄 산을 등반하던 중 색에 대한 놀라운 변화를 직접 경험하게 되었어요. 브로켄 산은 괴테가 평소에도 자주 다니던 산이었지요. 때로 승마를 하거나 새로운 식물을 관찰하러 갔어요. 브로켄 산의 눈은 아침 햇살에 더욱 눈부시게 빛났어요. 하얀색, 노란색, 파란색 등 말로는 형용할 수 없을 정도로 아름답게 빛났어요. 괴테는 하늘처럼 눈도 한두 가지 색으로 표현하기가 어렵다는 생각이 들었어요. 눈이 쌓인 산등성이는 노란색이었고, 산기슭 그림자는 청자색을 띠고 있었어요. 괴테는 눈을 꼭 감았어요. 그러자 아른아른 반짝이는 물체들이 띠를 두르며 눈 안에 나타났어요. 어둠 가운데 붉은색과 보라색이 동심원을 이루며 눈동자에 맺혔어요. 괴테는 사람의 몸 안에도 색이 있지 않을까 생각했어요.

"이 빛깔들은 뭘까?"

괴테는 눈을 떴다 감았다를 반복하며 눈 안에 맺히는 색에 대해서 기록

했어요. 세상 밖에도 색이 있고, 몸 안에도 색이 있었어요. 괴테는 눈이 한껏 쌓인 풍경을 스케치하면서 곧 '겨울 산'을 주제로 그림을 그려야겠다고 마음먹었어요. 정상까지 오르는 동안 어떤 장면을 화폭에 담을지 고심하며 하나하나 눈에 새겼어요.

괴테는 저녁때가 다 되어서야 산에서 내려왔어요. 그런데 낮에 스케치했던 산의 광경과는 또 다른 색들이 펼쳐졌어요. 저녁이 되자 이제 눈은 짙은 보라색으로, 그림자는 짙은 녹색으로 바뀌어 있었어요. 괴테는 왜 노란색이던 것이 보라색으로 바뀌었는지, 또 청자색이던 것이 녹색으로 바뀌었는지 이해할 수 없었어요. 어느새 해가 떨어지고 어스름이 깔리니

낮에 보았던 색들과는 전혀 다르게 변해 가고 있었어요. 어두워지면 색이 송두리째 없어지는 것이 아니라 다른 색으로 바뀌는 것이었어요. 괴테는 색이 바뀔 때 반드시 정해진 원칙이 있다는 생각이 들었어요.

눈雪이라고 하면 보통 하얀색을 떠올리지만 사실 순수하게 하얀색을 띠는 눈은 없어요. 괴테에게는 노란색과 보라색, 청자색과 녹색을 다 가진 눈이었어요. 흐린 날, 안개가 낀 날, 햇살이 좋은 날 모두 다 다른 색깔이지만 하나의 눈이었어요.

"색의 변화에 어떤 질서가 숨어 있는 것 같아. 자연의 색에도 분명 자연의 이치가 담겨 있을 거야."

다만 사람들이 예민하게 관찰하지 않아 느끼지 못하는 것이라 생각했어요. 괴테는 산행을 마치자마자 색에 대한 연구를 시작했어요. 우선 전문가들이 사용하는 프리즘을 구해야겠다고 생각했어요. 사람의 눈으로 관찰하기에는 한계가 많았거든요. 그러나 빛을 모아 여러 색으로 분화시켜 주는 프리즘이 흔하지 않아 구하기 쉽지 않았어요. 수소문 끝에 궁정 과학자 뷔트너에게 부탁해서 전문가용 프리즘을 빌릴 수 있었어요. 괴테는 본격적으로 색채 연구에 들어갔어요.

뉴턴에게 도전장을 내밀다

괴테보다 앞서 색에 대해 과학적 이론을 내세운 학자가 바로 뉴턴이었어요. 뉴턴은 프리즘에 통과된 색과 굴절 정도를 정리해서 1704년 《광학》을 발표했지요. 실험을 통해 반사와 굴절 등 빛의 성질을 밝혀낸 과학자로 뉴턴의 광학은 명성이 높았어요.

하지만 괴테는 색을 공부할수록 뉴턴의 《광학》이 자연의 색을 완전히 이해하는 데 부족하다고 생각했어요. 며칠 뒤 프리즘을 찾으러 온 뷔트너에게 괴테는 말했어요.

"《광학》은 실험실 안에 갇힌 이론이야. 열 번이나 읽어 봤지만 아무 짝

***프리즘** 유리 같은 물질을 두 개 이상의 정밀한 각도와 평면으로 절단한 투영체. 빛을 분석하고 반사시키는 데 유용하다.

에도 쓸모가 없었어. 눈으로는 프리즘처럼 색을 구별해 낼 수 없어."

모든 과학자들이 칭송하는 뉴턴을 괴테가 비판하자 뷔트너는 깜짝 놀랐어요.

"눈에 보이지 않는 것을 찾는 것이 과학자의 진정한 사명 아닌가? 색의 속성을 밝힌 뉴턴이야말로 인간들에게 진짜 색을 선물해 준 사람이지. 자네는

당시 사람들은 빛이 사물에 부딪치면서 색을 만든다고 생각했는데, 뉴턴은 고정관념을 깨고 빛 안에 여러 색이 포함되어 있다고 주장했다.

이 프리즘으로 더 대단한 것을 발견할 수 있다고 생각하는 건가?"

그러자 괴테는 웃으며 대답했어요.

"모든 사람들이 공감할 수 있는 색 이론을 찾고 싶어. 우리가 독수리 같은 눈을 가진 것도 아닌데 어찌 색의 굴절률 따위를 구분해 낼 수 있겠느냔 말이지. 분명 숨겨진 원리가 있어. 그걸 찾아야 해."

뷔트너는 괴테의 야심 찬 눈빛에 더 이상 질문을 던질 수 없었어요. 조만간 뉴턴을 뛰어넘을 어떤 것이 괴테에게서 나올 것이란 예감이 들 뿐이

었지요. 뷔트너는 그때부터 괴테의 후원자가 되기로 하고 도움이 되는 책과 교수들을 소개해 주었어요. 괴테는 뷔트너 덕분에 색 이론에 대해 더 자세히 연구하게 되었어요. 실험 중 프리즘을 통과해서 보이는 색과 눈으로 관찰되는 색의 공통점, 차이점을 정리했어요. 그리고 빛과 어둠이 만들어 내는 색의 변화에 주목했어요.

빛이 있을 때 노란색이던 것이 빛이 강해지면 빨간색이 되고, 빛이 없는 곳에서는 파란색으로 변하는 것을 찾았어요. 빛의 세기에 따라 색깔들이 합쳐지고 섞이는 것 같았어요. 색의 구분도 점점 명확해졌어요.

괴테는 산책 중에도 색깔 일지를 적었어요.

> 태양은 안개가 낀 날에는 노란 원반으로 보인다. 중심부는 밝은 노란색이며, 가장자리는 붉은색을 띤다. 대기 중에 연기가 생기거나 시로코 바람이 부는 남유럽의 대기 조건에서 태양을 둘러싼 구름 전체에서 붉은빛이 반사된다. 아침과 저녁에 하늘이 붉게 물드는 것은 이 때문이다. 짙은 안개에 싸인 태양은 붉은 색조로 나타난다. 태양이 떠오를수록, 점점 더 밝은 노란색으로 빛난다.

괴테는 자연을 연구하면 할수록 인간이 이해하고 있는 것은 극히 일부라는 것을 알게 되었어요. 눈으로 보고 있다고 믿지만 제대로 보는 것이 얼마나 될지 의문이었어요. 괴테는 관찰할 수 있는 빛과 색을 최대한 사실적으로 구별해 내려고 했어요. 괴테는 뉴턴이 여러 색의 빛이 합쳐지면 흰색이 된다고 말했는데, 이것은 화가들이 그림을 그릴 때 여러 색의 물감을 합치면 검정색이 되는 것과 모순되는 원리라고 생각했어요. 이런 차이들을 모두 극복하는 색 이론을 찾아야 했어요. 괴테는 화가들을 위한 색 이론을 세우고자 했어요. 그리고 마침내 1791년과 1792년 두 차례에 걸쳐 《광학론》을 발표했어요.

괴테의 《광학론》은 인간의 눈에 보이는 색을 연구하여 정리한 이론이었어요. 괴테는 그 후에도 20년 동안 색 연구를 계속해 1810년에는 괴테 스스로도 만족할 만한 《색채론》을 발표했어요.

괴테는 색의 변화를 '괴테의 색환'이라는 하나의 원으로 정리했어요. 괴테의 색 이론은 자연 그대로의 색을 이해하는 데 큰 도움이 되었어요. 그리고 빛과 어둠, 차가움과 따뜻함의 양극으로 구분해서 설명했어요. 그사이에 있는 경계면에 무수히 많은 색이 나타나는 것이지요.

괴테는 빛이 색을 결정한다고 생각했어요. 가령 밝은 면이 어두운 면으로 다가가면 청색 띠와 청자색의 테두리가 생겨나고, 반대로 어두운 면이 밝은 면으로 다가가면 주황색 테두리와 황색의 띠가 생겨난다는 것이지요. 뉴턴이 '빨주노초파남보'라는 일곱 가지 색으로 한정하는 굴절률을 설

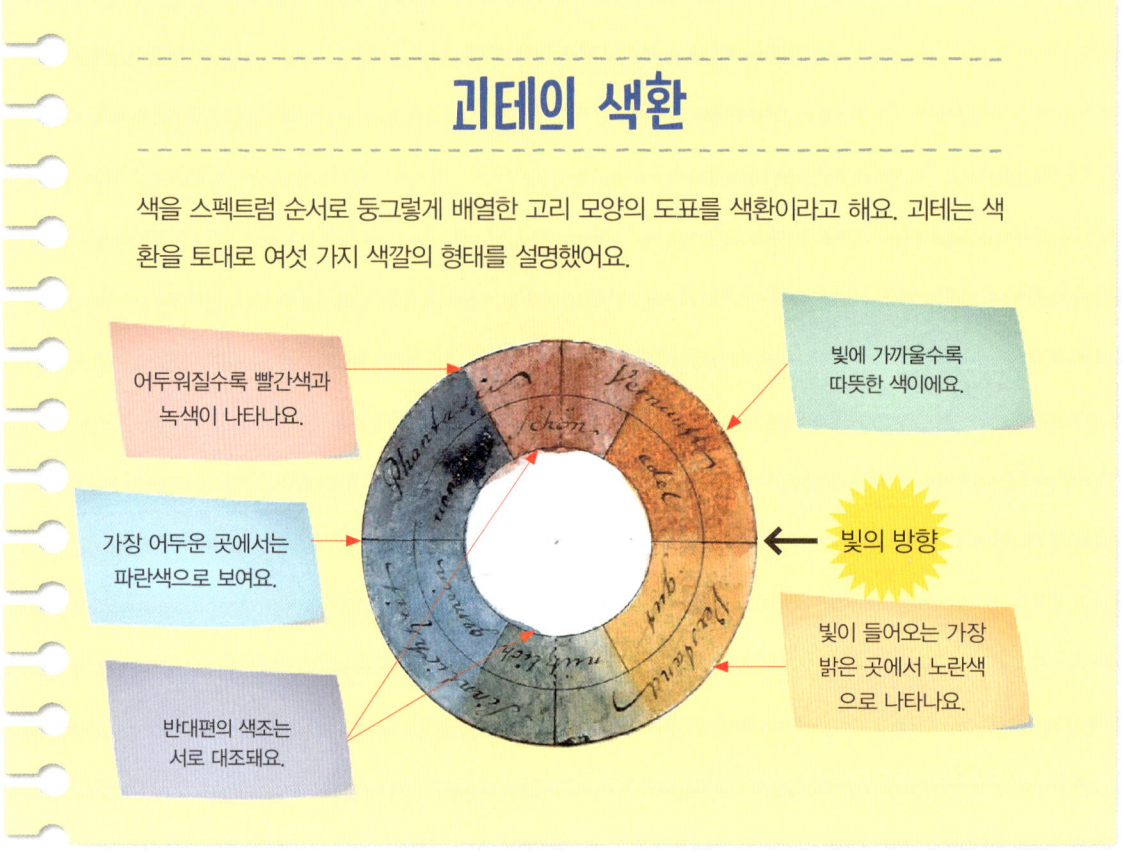

명했다면, 괴테는 빛과 어둠의 차이로 색이 무한하다고 주장했어요. 빛의 정도에 따라 서로 작용해서 다양한 색이 공존한다는 주장이었지요.

괴테는 과학자들과 다른 방식으로 색을 이론화하고 체계화했다는 평가를 받았어요. 무엇보다 색에 몰두할 수 있었던 것은 자연에 대한 깊은 이해와 예술을 사랑하는 마음 때문이었어요. 괴테는 다음 글귀를 항상 마음에 되새겼어요.

 "모든 자연적 사실은 이미 이론과 같다. 자연 현상 뒤에 숨은 그 무엇을 찾으려고 하지 말자. 눈에 보이는 것이 이미 법칙이다."

괴테의 색채론은 예술가들에게 큰 영향을 끼쳤어요. 색채론에 깊이 공감한 독일의 철학자 아르투르 쇼펜하우어는 1816년 괴테와 주고받은 편지를 묶어 《시각과 색채에 관하여》를 출간했어요. 화가들도 괴테의 명쾌한 이론에 감탄했어요. 영국의 작가 조지프 말로드 윌리엄 터너는 〈그림자와 어둠: 대홍수 전의 저녁〉과 〈빛과 색채: 노아의 대홍수 이후의 아침, 창세기를 쓰는 모세〉라는 한 쌍의 작품을 그렸어요.

윌리엄 터너(1775~1851)의 〈그림자와 어둠: 대홍수 전의 저녁〉(좌)과 〈빛과 색채: 노아의 대홍수 이후의 아침, 창세기를 쓰는 모세〉

터너의 그림은 모두 성경에 나오는 '노아의 방주'에서 아이디어를 얻은 거예요. 〈그림자와 어둠〉은 대홍수 이전의 불안과 재앙을 색으로 잘 담아냈지요. 자연 현상을 구체적으로 그리진 않았지만 색만으로도 분위기와 감정을 성공적으로 표현했다는 극찬을 받았어요. 또 〈빛과 색채〉에서 검은 그림자는 대홍수 후에 등장한 영웅 모세를 그린 거예요. 창세기를 쓰는 모세를 통해 구원과 희망을 따뜻한 색으로 표현했던 거지요.

터너도 괴테처럼 노란색이 세상의 가장 근본이 되는 '최초의 색'이라고 생각했어요. 괴테의 색환대로 태양이 정점에 달했다가 어두워지는 것을 그림으로 표현했어요. 노란색이 화면의 중심에 나타나고 주변부로 갈수록 점차 주황색과 빨간색으로 어두워지는 빛의 변화를 색으로 표현했어요.

괴테의 색채론은 사물이 가지고 있는 고유의 색깔보다는 빛에 의해 시시각각 변화하는 색들에 주목했어요. 색깔은 시간과 공간을 지배하며 희망과 절망 같은 내면의 심리도 표현할 수 있다는 것을 최초로 발견하고 이론화한 사람이 바로 괴테였지요.

심리 치료와 미술 교육에 활용된 색채론

괴테는 《색채론》에서 색깔이 사람의 심리 변화에 어떤 영향을 미치는지 밝혔어요. 빨강은 정열과 흥분, 파랑은 위축과 차분함을 불러온다고 생각했어요.

"사람들은 색에서 기쁨을 느낀다. 눈에 빛이 필요하듯이 색이 필요하다. 흐린 날 태양이 잠깐 비췄을 때 느꼈던 상쾌한 기분을 기억해 보라. 다채로운 색이 치유력을 갖는 것도 편안함에서 생긴다."

괴테는 자신의 색채론에 대해 상당한 자부심을 느끼고 있었어요. 괴테 스스로도 색채론만큼은 그 누구도 따라 할 수 없는 독창적인 업적이라고 말할 정도였어요.

괴테의 색채론은 현재까지도 실생활에 많은 영향을 미치고 있어요. 색을 이용한 미술 치료라든지, 건강에 좋다는 컬러 푸드 같은 것들이 모두 색채론에 바탕을 두고 있거든요. 공간 인테리어를 할 때에도 색지를 통해 수축과 팽창을 나누어 작업해요. 이 모든 원리가 바로 200여 년 전 괴테의 머릿속에서 나온 것이에요.

괴테의 색채론은 교육계에도 큰 변화를 일으켰어요. 독일의 사상가 루돌프 슈타이너는 괴테의 색채론으로 '발도르프 교육'을 창시하기도 했지요. 발도르프 교육은 예술과 과학을 통합해서 가르치는 것이며 지금도 전 세계 60개 나라의 1천여 개 학교에서 시행하고 있는 교육법이랍니다.

빨간 사과는 없다?

1   2   3   4

1 은 실제 사과 사진이에요. 이것을 그림으로 그려 보면 어떨까요? 2 처럼 빨갛게만 그린다면 이것이 잘 익은 사과인지, 그냥 과일을 가리키는 건지 정확히 구별하기 어려워요. 자연 그대로의 색은 사물 고유의 특성을 드러내요. 우리가 인식하는 색은 3 처럼 빛에 의해 다양하게 보이기 마련이지요. 한 가지 색으로 특정할 수 없다는 거예요. 4 는 사과의 상태, 익은 정도, 맛 등을 짐작할 수 있어요. 색에 따라 식욕이 당기기도 하고 그 반대가 되기도 해요. 같은 사과지만 다 다르죠. 흥미롭지 않나요?
이처럼 색깔이 사물의 특성과 내면의 정서를 지배한다는 것을 밝힌 것이 괴테의 색채론이에요.

- 여성성이 인류를 구원하리라
- 문학적 감성을 다시 불태우다
- 《파우스트》 집필을 시작하다
- 음악과 문학의 만남
- 괴테, 단 하나의 제자를 키우다

세상에 없는 지식 발굴

모든 것은 《파우스트》로 통한다 6

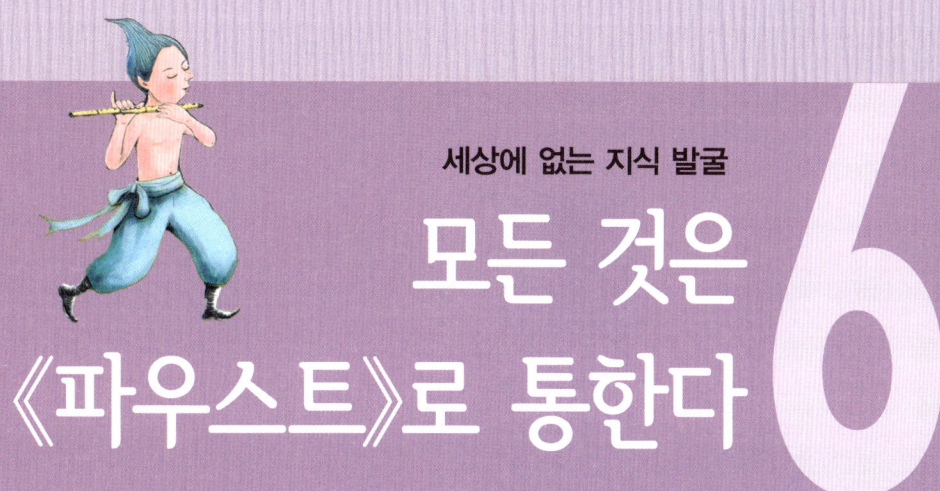

《파우스트》는 사랑과 이별, 천사와 악마, 죄와 벌, 지옥과 구원, 마법사와 요정 등 놀라운 판타지와 교훈적인 드라마가 잘 녹아 있는 작품이에요. 그 방대한 내용과 주제 때문에 제대로 읽기가 힘들 정도라고 하지요. 괴테는 거의 평생에 걸쳐 이 책의 집필에 매달렸어요. 과연 괴테는 《파우스트》를 통해 무엇을 이야기하고자 했던 걸까요? 이제 괴테의 가장 위대한 작품 《파우스트》를 살펴보아요.

여성성이 인류를 구원하리라

> 그대는 왜 우리에게 깊은 시선을 주었나요?
> 우리의 미래를 예감에 가득 차 바라보고
> 우리의 사랑, 지상에서의 우리의 행보를
> 축복스럽게 망상하면서 결코 믿지 않게끔 하는 시선을.
>
> 운명이여, 왜 우리에게 감정을 주었나요?
> 우리가 서로의 마음을 들여다보고
> 그 모든 기묘한 혼잡들을 통과해
> 우리의 진정한 관계를 탐미할 수 있는 감정을.

1776년 4월, 친구였던 폰 슈타인 부인에게 쓴 괴테의 편지 중 일부예요. 《젊은 베르테르의 슬픔》의 대성공 이후에도 괴테는 문학 작품을 꾸준히 발표했어요. 그런데 괴테의 과학 논문들이 주목을 받자 문학에 쏟는 시간이 조금씩 줄어들었어요. 괴테의 관심을 사로잡는 것들이 자연에 너무 많앉거든요. 이런 괴테에게 다시 소설이나 희곡을 창작하는 데 더 시간을 쏟아 줄 것을 바라는 친구들이 많았어요. 걸작 《파우스트》는 이들의 응원으로 탄생했다고 해도 지나치지 않아요.

대표적으로, 화가 겸 시인인 샤를로테 폰 슈타인 부인을 들 수 있어요. 그녀와는 괴테가 바이마르 공국에서 일하기 시작하던 스물여덟 살 때 인연이 되어

슈타인 부인과 괴테

부인이 죽을 때까지 거의 30년간 우정을 나누었어요. 괴테가 처음 슈타인 부인을 본 것은 대공 카를 아우구스트의 승마 선생이던 요시아스 폰 슈타인 남작의 가족 모임에서였어요. 그녀는 괴테가 궁정 생활에 익숙하지 않았을 때 여러모로 도움을 주었어요. 괴테가 궁에서 행정이나 정치 등의 업무에 몰두할 때에도 시와 문학, 그림에 대한 관심을 지속적으로 가질 수 있도록 많은 조언을 아끼지 않았지요.

슈타인 부인은 지적이며 자상한 성품을 가진 여성으로, 괴테보다 일곱 살이나 많았어요. 그녀는 시인이자 화가로서 명성을 날리던 뛰어난 예술가였어요. 다섯 아이의 어머니인 슈타인 부인은 괴테에게 모성애의 아름다

움을 일깨워 준 사람이기도 했어요. 덕분에 여성의 진정한 아름다움은 내면에 있다는 것을 알게 되었지요. 괴테는 슈타인 부인을 처음 보았을 때 어릴 적 쌍둥이처럼 커 왔던 여동생 코르넬리아와 너무 닮아서 깜짝 놀랐다고 회상하기도 했어요.

슈타인 부인은 괴테가 문학 창작보다 다른 활동에 빠져 지내는 것을 안타까워했어요. 그래서 괴테가 광산 사업과 하수도 설치, 군사 업무 등에 정신없을 때에 끊임없이 시와 그림, 문학과 음악에 대해 이야기해 주면서 문학에 대한 열정을 되찾도록 유도했어요.

괴테와 슈타인 부인의 교류는 주로 편지로 이루어졌어요. 당시 두 사람의 편지는 작품이라고 일컬어도 될 정도로 문학적 감수성이 짙었어요. 두 사람은 편지로 서로의

안부를 확인하며 예술에 대해 토론했어요. 무려 1,500통의 편지를 주고받았는데 이 편지들은 이후 책으로 출간되었어요. 두 사람의 편지는 순수한 예술혼과 문학적 감성을 다룬 내용으로 가득해요.

괴테는 슈타인 부인과의 우정을 자신의 작품 속에서 다루기도 했어요. 《타우리스 섬의 이피게니에》와 《빌헬름 마이스터》 시리즈에 나오는 여주인공은 모두 슈타인 부인을 모델로 한 것이에요.

괴테는 그녀를 소중한 친구로 여겼어요. 슈타인 부인이 여성 특유의 포용력과 이해심으로 괴테를 후원했기 때문이에요. 《파우스트》에 나오는 "변함없는 여성성이 우리를 구원하리라."는 마지막 문장은 슈타인 부인이 없었다면 쓰기 어려웠을 거예요.

문학적 감성을 다시 불태우다

　슈타인 부인과의 우정은 사실 괴테가 이탈리아 여행을 다녀온 후에 좀 멀어졌어요. 이때 괴테 앞에 나타난 인물이 독일의 유명한 시인 실러였어요. 괴테가 장편 《파우스트》를 쓸 수 있도록 가장 직접적으로 자극한 사람이었지요. 두 사람은 대공 카를이 독일의 문인들을 바이마르로 초청해 학술회를 열었을 때 처음 만났어요. 이때 괴테 나이가 서른다섯 살이었어요. 실러는 괴테보다 열 살이나 어렸지요. 실러는 괴테의 팬이었어요. 실러가 용기를 내어 먼저 다가갔어요.
　"괴테 선생님, 《젊은 베르테르의 슬픔》은 저에게 잊을 수 없는 명작입니다. 기억하실지 모르겠지만 선생님께 편지도 수십 통 보냈습니다."
　괴테는 자신을 칭송하는 젊은이들을 많이 만났던 터라 크게 눈여겨보지 않았어요. 괴테의 눈에 비친 실러는 허름한 옷차림에 헝클어진 머리를 한 무명작가일 뿐이었지요. 실러는 평생 한번 있을까 말까 한 기회를 놓치고 싶지 않았어요.
　"선생님의 글을 읽고 소설가의 꿈을 키웠습니다. 선생님 덕분에 제 첫 졸작 《도적들》을 쓸 수 있었습니다. 정말 감사합니다."
　그 모습이 어찌나 진지하고 열정적인지 괴테는 문득 관심이 생겼어요. 괴테가 대답했어요.
　"아, 영광이군요. 저도 희곡 《도적들》을 아주 잘 읽었습니다. 그런데 젊은 작가에게 인기와 성공은 그리 좋은 것이 아닙니다. 오히려 독이 될 수 있지요."

괴테는 당시 독일 연극계를 휘어잡은 《도적들》로 인해 실러가 자만하지 않았으면 하는 마음에서 충고했어요. 실러를 보자 괴테의 젊은 날이 떠올랐거든요. 실러는 괴테의 진심 어린 조언을 느낄 수 있었어요.

"선생님께서 읽으셨다니 이보다 과분한 격려가 없습니다. 대중의 환호는 짧다고 생각합니다. 유행이 아니라 진실을 찾고 싶습니다."

괴테는 평소 젊은이들의 열정과 겸손을 사랑했어요. 눈앞에 서 있는 이 어린 신인이 장차 대작가로 성공하는 모습이 보이는 듯했어요. 실러는 눈빛을 반짝이며 계속해서 힘주어 말했어요.

"선생님의 《식물 변형론》과 《골격학》도 읽었습니다. 해부학과 동식물의 기관을 기록한 논문들을 보며 경험적 진실보다 관념이 중요할 수도 있다고 생각했습니다."

괴테는 문학하는 지인들에게 느꼈던 고립감이 한순간 뻥 뚫리는 것만 같았어요. 평소 작가들이 자연 과학에 대해 더 많은 통찰과 지식을 갖추어야 한다고 믿었던 괴테였어요. 이제 어린 작가가 식물 변형에 대해 논하는 모습이 아름다워 보이기까지 했어요. 괴테는 그날 실러를 집으로 초대해 밤새 자연 과학에 대해 토론했어요.

실러에게 괴테는 좋은 스승이자 친구였어요. 명성과 부유함을 갖추었던 괴테는 실러의 숨은 재능을 키워 줄 수 있었어요. 실러가 뚜렷한 직업을 구하지 못하자 괴테는 바이마르 근처의 예나 대학교에서 역사학 강의를 할 수 있도록 추천해 주었어요. 덕분에 실러는 경제적으로 안정된 환경에서 작품 활동을 계속할 수 있었어요.

이후 대학에서 인기 강사로 자리 잡은 실러가 괴테의 집 근처로 이사하게 되었어요. 이때에도 괴테는 집을 장만하고 세간을 사는 일까지 손수 챙겨 주었어요. 괴테의 친구들은 종종 그를 두고 이렇게 말했어요.

"괴테는 나를 불행하게 만든다. 한순간도 자신의 속마음을 드러내지 않는데도 사람들을 사로잡는 재능, 그리고 크고 작은 주의를 기울여 책임을 다하는 재능을 가지고 있다. 그는 자선을 베푸는 식으로 자신의 존재를 알린다. 마치 신처럼 자신을 바치지 않으면서."

우리 집에 놀러 와!

괴테 하우스

괴테 하우스는 괴테가 50여 년 동안 살았던 집이에요. 괴테가 죽기 몇 년 전까지 사용했던 서재와 침실의 가구는 물론 육필 원고, 그림 등이 그대로 잘 보존되어 있어요. 1886년 괴테 국립 박물관으로 개관되었어요.

2층 전경

서재

실러 하우스

괴테와 함께 독일 고전주의 2대 문호로 일컬어지는 실러의 집 역시 기념관으로 운영되고 있어요. 실러 하우스는 1998년 유네스코 세계 문화유산으로 지정된 '고전주의 바이마르' 지역에 포함되어 있답니다.

서재

괴테에게는 가까이하고 싶지만 함부로 다가가기 힘든 위엄이 있었어요. 사람들은 괴테 앞에 서면 숨겨 둔 비밀들이 다 탄로 날 것만 같았어요. 괴테의 통찰력과 고결함은 괴테를 더욱 외롭게 만들었어요. 하지만 젊은 패기의 실러는 달랐어요. 용기 있게 괴테에게 다가섰어요. 매일 밤 만나 밤새 대화했어요. 괴테는 실러를 보며 작가로서의 순수함과 열정을 다시금 얻는 것 같았어요.

괴테와 실러는 함께 문학잡지 《호렌》을 기획, 창간했고 많은 작품들을 남겼어요. 괴테와 실러는 문학인들을 뭉치게 했고, 출판 시장을 더욱 넓혔어요. 이때는 괴테가 《로마의 비가》, 《서동시집》, 《빌헬름 마이스터의 수업시대》, 《크세니엔》, 《헤르만과 도로테아》, 《발라드》 등을 왕성하게 집필한

시기였어요.

무엇보다 인류의 명작으로 남은 《파우스트》를 다시 집필하기 시작했어요. 당시 괴테는 바이마르 공국의 문화예술교육부 장관직을 맡아 눈코 뜰 새 없이 바쁜 시기였어요. 작품보다는 독일의 문화와 예술 중흥이 더욱 다급했어요. 그랬던 괴테에게 《파우스트》를 완성하도록 자극해 준 사람이 바로 실러였어요.

"위대한 작가가 작품을 쓰지 않는 것이야말로 독일 문학계의 가장 큰 손실입니다."

이는 괴테에게 새로운 에너지를 만들어 주었어요. 괴테는 어렸을 때부터 하나하나 정리해서 모아 둔 이야기들을 꺼냈어요. 불후의 명작을 남기는 것은 모든 작가들의 꿈이기도 해요. 괴테는 단편으로 남거나 미완으로 끝날 뻔한 《파우스트》를 완성하기로 마음먹었어요.

괴테와 실러의 만남은 두 사람에게도 축복이었지만 독일 문학계에도 혁명 같은 변화를 주었어요. 대작가 괴테와 실러가 한 골목에 마주 보고 산다는 것만으로도 동네 사람들에게 큰 기쁨이었지요. 200여 년이 흐른 지금도 괴테와 실러가 함께 지냈던 흔적은 그대로 보존되어 있답니다. 두 사람이 걸었던 산책로, 차를 마시며 토론했던 식당과 탁자, 둘의 낙서가 새겨진 벤치까지 말이에요.

1794년 당시 실러가 괴테에게 보낸 편지를 보면 얼마나 마음속 깊이 존경했는지 알 수 있어요.

이제야 분명히 알았습니다. 우리 두 사람이 서로 다른 길을 가고 있지만 사실은 서로 가까이 만나기 위해, 더욱 큰 의미를 주기 위해 길을 걸었다는 것을. 이제 우리 삶의 여정이 얼마나 남아 있는지 모르지만 함께 갈 수 있다면 더 큰 의미를 찾을 수 있다고 믿습니다. 오랜 여행을 동행하다 보면 할 말도 많을 테니까요.

마치 연애편지의 한 구절 같죠? 하지만 이들의 우정은 영원하지 않았어요. 1805년 실러가 마흔여섯 살이라는 젊은 나이에 폐결핵으로 세상을 떠났거든요. 괴테는 실러의 죽음 후에 한동안 바깥출입을 하지 않을 정도로 슬픔에 잠겨 "내 존재의 절반을 잃었다."라고 말했답니다.

그리고 1857년 괴테와 실러의 우정을 높이 기려 두 사람의 동상을 바이마르 도시 한가운데 세웠어요. 실러의 무덤 바로 옆에 괴테의 묘지를 같이 마련하기도 했고요. 두 사람이 영원히 함께할 수 있도록 말이에요.

내 친구 실러를 소개합니다!

요한 크리스토프 프리드리히 폰 실러(1759~1805)는 나와 함께 독일 고전주의를 대표하는 문학가예요.

실러는 운명과 대결하는 인간의 의지를 높이 평가하는 작품을 주로 썼어요. 《빌헬름 텔》과 《돈 카를로스》 등이 있어요.

베토벤이 작곡한 그 유명한 〈환희의 송가〉도 1785년 실러가 가사를 붙인 곡이에요.

1794년 나와 처음 만난 이후에는 같이 쓴 시집 《크세니엔》(414편)을 발표하기도 했어요.

1802년에는 실러가 예나에서 바이마르로 이사해 우리 둘은 더욱 친해졌고 공동 작업에도 더 매진하게 되었답니다.

바이마르의 독일 국립극장 앞에 있는 우리 둘의 동상이에요. 키가 190cm인 실러와 169cm인 내가 비슷한 크기로 만들어져 있네요. 하하.

《파우스트》 집필을 시작하다

영들의 세계에서 고귀한 한 사람이
악으로부터 구원되었도다.
언제나 갈망하며 애쓰는 자,
그를 우리는 구원할 수 있다.
그에게는 천상으로부터
사랑의 은총이 내려졌으니,
축복받은 무리가 그를
진심으로 환영하게 되리라.

괴테는 죽기 전에 남기고 싶었던 모든 생각들을 《파우스트》 마지막 구절 '천사의 말'에 남겼어요.

1775년, 괴테가 스물일곱 살 때 《파우스트》를 단편으로 쓴 적이 있었어요. 하지만 담아야 할 내용들이 너무 방대했고, 쓰다 보니 자료가 부족해 결국 미루어 두었어요. 언젠가는 제대로 된 《파우스트》를 완성해야겠다고 결심했지요.

괴테는 시간에 쫓기고 싶지 않았어요. 매일매일 꾸준히 조금씩이라도 시간을 할애했어요. 새벽 5시면 일어나 책상에 앉는 것부터 시작했어요. 맘먹은 후부터는 어떤 급한 약속도 오후 2시 이전에는 잡지 않았어요. 오로지《파우스트》를 집필하기 위한 시간을 따로 두었지요. 이것이 괴테가 《파우스트》를 끝내 완성할 수 있었던 비결이에요.

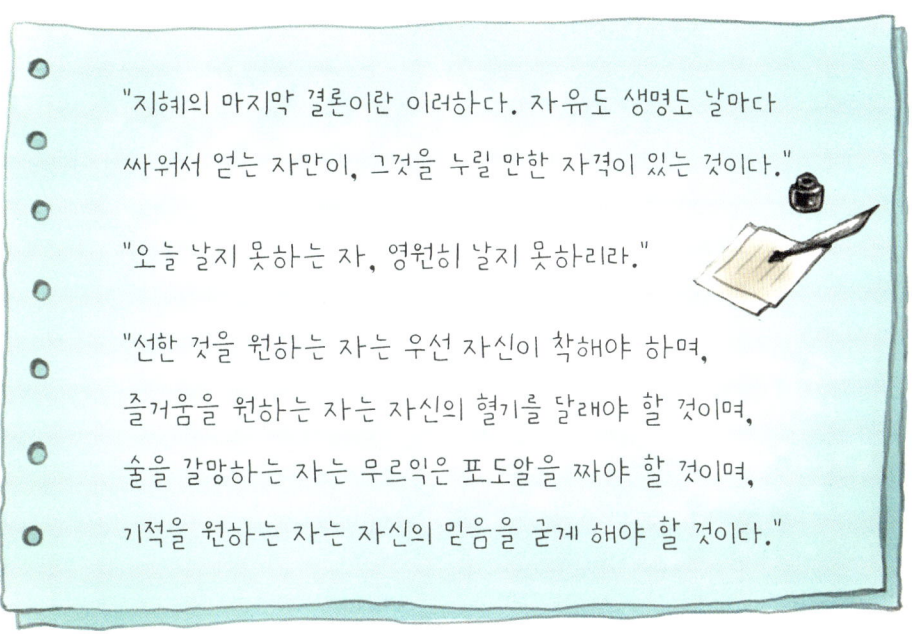

"지혜의 마지막 결론이란 이러하다. 자유도 생명도 날마다 싸워서 얻는 자만이, 그것을 누릴 만한 자격이 있는 것이다."

"오늘 날지 못하는 자, 영원히 날지 못하리라."

"선한 것을 원하는 자는 우선 자신이 착해야 하며, 즐거움을 원하는 자는 자신의 혈기를 달래야 할 것이며, 술을 갈망하는 자는 무르익은 포도알을 짜야 할 것이며, 기적을 원하는 자는 자신의 믿음을 굳게 해야 할 것이다."

《파우스트》에 담긴 문장들은 괴테가 평생에 걸쳐 몸소 실천한 삶의 철학이자 지혜예요. 괴테는 서두르지 않았고, 반드시 성공해야겠다는 생각도 하지 않았어요. 괴테는 생각을 쥐어짜서 이야기를 만들고 싶지 않았어요. 다만 하루도 빠짐없이, 부지런히, 성실하게 이야기를 꿰어 갔어요. 사람 사는 이야기를 있는 그대로 재현해 갔지요. 자연스럽게 시간이 흐르면서 주인공들도 작품 속에서 나이를 먹고 성장하도록 만들어 갔어요. 주인공들이 고뇌하고 선택할 수 있도록 시간과 여유를 주었어요.

작가 괴테의 생각인지, 주인공 파우스트의 생각인지 구별되지 않을 만큼 하나가 되었어요. 이야기들은 마른 샘에 물이 고이듯 점점 채워졌고, 물 흐르듯 차차 흘러갔어요. 젊은 날의 열정으로 일주일 만에 썼던《젊은 베르테르의 슬픔》과는 전혀 다른 글쓰기 과정이었어요.

괴테는《파우스트》에서 소박하고 아름다운 여인과 높은 지식을 자랑하는 귀족 학자의 순수한 사랑을 넘어 두 사람의 방황하고 구원 받는 이야기를 담았어요. 신분이 다르지만 그들의 진실한 사랑에는 그 어떠한 고난과 유혹도 극복할 수 있는 힘이 있었어요.

작품 속에서 두 주인공이 운명과 상황에 따라 죄를 저지르기도 하지만 진실한 사랑을 통해 구원을 받는 내용으로 구성했어요. 진실한 사랑만이 구원 받을 자격이 주어진다는 것을 말하고 싶었어요. 악마의 꾐도 있었고 악행도 있었어요. 괴테는 그 어떤 것도 강제

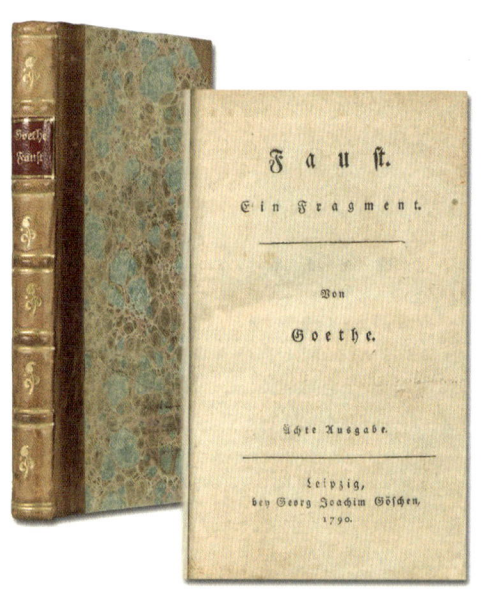

단편《파우스트》 1790년 초판

로 막거나 거부하지 않았어요. 악과 선이 모두 공존하는 것이 인간의 삶이라고 생각했고, 그런 이야기를 그대로 담고 싶었어요.

 "인간은 노력하는 한 방황하는 법이다."

괴테의 평소 생각이었어요. 《파우스트》의 가장 유명한 문장이 되었지요. '인간에 대한 사랑과 용서'가 괴테 나이 80세에 완성한 《파우스트》의 메시지라고 할 수 있어요.

괴테는 《파우스트 제1부》를 정확히 10년 동안 썼어요. 49세에 시작해서 58세가 되어서야 완성할 수 있었어요. 《파우스트 제2부》는 77세에 시작해서 죽기 1년 전인 83세에 완성했고요. 약 40년에 걸친 기나긴 장정이었어요. 오랜 기간 동안 애써 온 인내력도 위대하지만, 조급함과 느긋함 사이에서 균형을 잃지 않았던 괴테의 의지력도 대단하지 않나요? 어쩌면 반드시 언제까지 완성하겠다는 목표 대신, 자연스럽게 이야깃거리가 샘솟을 때를 기다렸기 때문에 가능했을지도 몰라요.

괴테는 《파우스트》를 쓰는 동안에도 신인 작가들의 활동을 도왔고, 외국의 예술인들과 틈틈이 교류하면서 인간에 대해 깊이 있게 이해하려고 했어요. 물론 이 시기에 장관으로서도 성실히 활동했어요. 학술적으로, 행정적으로 영향력은 더욱 커져 갔어요. 괴테의 성장이 곧 《파우스트》의 작품성을 높인 셈이었지요.

음악과 문학의 만남

괴테는 음악에 관심이 많았어요. 그 계기는 모차르트와의 만남 때문이었지요. 괴테가 열네 살 때, 당시 일곱 살이던 음악 신동 모차르트의 피아노 연주를 우연히 들었어요. 그때 음악의 매력에 흠뻑 빠졌어요. 괴테는 이후에도 모차르트를 최고의 음악가로 꼽기를 주저하지 않았어요.

"인간의 모든 재능 중에서 음악적 재능은 가장 먼저 드러난다. 음악은 타고나는 것이라서 외부로부터 어떤 영양분을 필요로 하지 않는다. 그렇다고 하더라도 모차르트의 재능과 능력은 인간의 언어로는 설명할 수 없는 기적과 같은 일이다."

괴테는 모차르트의 오페라 중 〈마술피리〉를 가장 좋아했어요. 왕자가 밤의 여왕으로부터 착한 공주를 구출한다는 내용 안에 반전은 물론 선과 악의 갈등이 교묘하게 얽혀 있었어요. 괴테가 바이마르 궁정 극장의 총책임자로 있을 때 기회만 되면 〈마

오스트리아의 천재 음악가
볼프강 아마데우스 모차르트(1756~1791)
서른다섯 살의 이른 나이에 세상을 떠날 때까지 소나타, 현악곡, 협주곡, 교향곡, 오페라 등에 이르는 1천여 곡을 남겼다.

술피리〉를 무대에 올렸어요. 1791년부터 10년 동안 무려 여든두 번이나 올렸다고 하니, 한 달에 한 번은 〈마술피리〉 공연이 열린 셈이지요.

괴테와 친분이 깊었던 음악가로 또 빼놓을 수 없는 사람이 베토벤이에요. 괴테와 베토벤은 첫 만남에서부터 서로에게 강력하게 끌렸어요. 열정의 베토벤과 통찰의 괴테는 1812년 7월, 휴양 도시인 테플리츠에서 둘만의 휴가를 보내며 남다른 우정을 과시했어요. 베토벤은 괴테의 작품 《에그몬트》에 피아노곡을 붙여 괴테에게 선물했어요. 괴테는 베토벤에게 인간적인 매력을 느꼈어요.

독일이 낳은 낭만주의 음악의 선구자
루트비히 판 베토벤(1770~1827)
우리에게 잘 알려진 피아노 소나타 〈열정〉, 〈월광〉, 〈비창〉 등 다양한 명곡을 다수 작곡했다.

베토벤은 괴테의 작품들을 진심으로 사랑했어요. 괴테의 《파우스트》를 오페라로 공연될 수 있도록 후원했어요. 천상의 합창으로 시작해서 천사의 합창으로 끝나는 음악적 구성은 베토벤의 충고를 받아들인 덕분이었어요.

《파우스트》가 오페라 같은 공연뿐만 아니라 다양한 예술을 망라한 종합 예술극으로서의 조건을 갖춘 것도 베토벤 같은 음악가들의 도움이 컸

어요. 이후 로베르트 알렉산더 슈만은 〈괴테 파우스트의 장면들〉이라는 [*]오라토리오를, 프란츠 리스트는 〈파우스트 교향곡〉을, 리하르트 바그너는 〈파우스트 서곡〉을 작곡하며 《파우스트》는 여러 음악가들의 손에서 오케스트라, 합창곡, 교향곡 등으로 다양하게 변주되었어요.

괴테, 단 하나의 제자를 키우다

괴테는 인생의 황혼기를 자신의 음악과 문학 활동을 넘어, 바이마르 공국의 전체 예술계를 아우르는 지도자로 왕성하게 보냈어요. 바이마르의 극장과 기관들에서 이루어지는 모든 정책이 괴테의 손에서 결정되었어요. 특별히 괴테는 가난한 예술가들과 돈벌이가 시원치 않은 학자들의 경제적 후원을 체계적으로 마련하는 데 애정을 쏟았어요. 1817년 4월 궁정 극장의 총감독에서 물러날 때까지 하루도 빠짐없이 현장을 오가며 바쁜 하루를 보냈어요.

공직에서 물러난 괴테는 예나 도서관에서 《식물 연구사》, 《자연과학 전반과 특히 형태학에 대하여》라는 책을 쓰며 조용한 시간을 보냈어요. 《파우스트 제1부》를 완성했지만 계속해서 다음을 집필할 엄두가 나지 않았어

---

*오라토리오 17~18세기에 가장 성행했던 대규모의 종교 음악. 성경의 장면을 음악과 함께 연출하여 오페라의 요소를 가미한 독창, 중창, 합창, 관현악으로 연주한다. 헨델의 〈메시아〉가 대표적이다.

요. 그렇게 꺼져 가던 창작열에 다시 불씨를 지핀 사람이 있었어요. 그는 요한 페터 에커만이었어요.

당시 일흔두 살이던 괴테보다 무려 마흔 살이나 아래였던 무명작가 에커만과의 만남은 사실 에커만의 일방적인 짝사랑으로 시작됐어요. 에커만은 괴테의 집을 백 번도 넘게 찾아갔어요. 괴테를 향한 깊은 존경심에서 우러나온 행동이었지요. 괴테는 청년 에커만의 진심에서 자신의 젊은 시절을 떠올렸어요. 그리고 에커만을 제자로 받아들이겠노라고 결심했어요. 에커만은 언제라도 괴테의 집에 와도 좋다는 허락을 받아 냈어요.

"어떻게 하면 시를 잘 쓸 수 있습니까?"

괴테는 에커만의 질문에 과연 뭐라고 대답해야 할지 고민했어요. 괴테는 에커만 같은 젊은 문학가들에게 들려줄 말을 정리해 보기로 했어요. 문학적 열등감에 괴로워하는 작가들에게 용기와 자신감을 심어 주고 싶었거든요.

"창작은 천재적 재능이 아니라 가장 자연스럽고, 가장 솔직한 것이네."

괴테의 사망 때까지 9년간 함께 지낸
요한 페터 에커만(1792~1854)
그의 글을 통해 괴테 만년의 모습이 어떠했는지 엿볼 수 있다.

에커만은 괴테의 말을 하나도 놓치지 않고 기록했어요. 에커만은 괴테와의 이야기를 《괴테와의 대화》라는 제목으로 출간했어요. 훗날 독일의 철학자 프리드리히 빌헬름 니체는 이 책을 "현존하는 독일의 가장 위대한 책"이라고 평가했어요. 덕분에 에커만은 위대한 작가의 반열에 들 수 있었지요.

괴테는 나이가 들수록 점점 쇠약해졌어요. 경련성 기침과 신장염, 안면 마비 등이 끊임없이 그를 괴롭혔어요. 괴테는 병에 지지 않기 위해 규칙적으로 산책하거나 온천에서 요양하며 많이 움직이려고 노력했어요. 그러면서도 마지막까지 《파우스트 제2부》를 마무리하기 위해 꾸준히 글을 썼어요. 그리고 1831년 7월 22일, 드디어 장편이 완결됐어요. 약 35년 만의 완성이었어요.

그러나 괴테의 병은 하루가 다르게 깊어 갔어요. 하루는 침대에 누운 채 기침을 하며 에커만에게 나지막이 말했어요.

"《파우스트 제2부》는 내가 떠난 후에 발표해 주게."

에커만은 깜짝 놀랐어요.

"네? 사람들이 얼마나 오래 기다렸는지 잘 아시지 않습니까? 《파우스트 1부》가 나온 지 20년이 다 되어 가고 있습니다. 뭘 걱정하시는 겁니까? 선생님의 건재함을 보여 주십시오."

괴테는 눈을 지그시 감고서 말을 이어 갔어요.

"위대한 작품이 어디 따로 있나? 흔해 보이더라도 그 자체로 모두 위대한 작품이라네. 자네도 사소한 일상을 놓치지 말게. 《파우스트 제2부》는 조용히 묻어 두게. 필요하다면 훗날 사람들이 날 기억해 주지 않겠나?"

에커만은 괴테의 의지와 진심이 온몸으로 느껴졌어요. 고요하고 잔잔하게 남은 생을 보내고 싶다는 생각이 이해되었어요. 괴테가 다시 말했어요.

"어떠한 도전도 하지 않고, 현실에 만족해서 멈추려고 하는 순간이 바로 죽음을 맞는 순간이지. 순간의 방황과 잘못이 있더라도 끊임없이 노력하는 사람이라면 결국 올바른 길로 가게 될 걸세. 이제 내 부탁을 들어주겠나? 나의 친애하는 친구, 에커만."

에커만의 두 눈에서 눈물이 주르륵 흘러내렸어요. 괴테의 생각은 너무나 깊고 옳은 것이어서 더 이상 간청할 수 없었어요.

괴테는 에커만을 향해 마지막 말을 남겼어요.

"에커만, 창문을 조금만 더 열어 주겠나? 햇빛이 참 좋아. 조금만 더 느끼고 싶네."

1832년 3월 22일, 괴테는 여든넷의 나이로 깊은 잠에 들었어요.

에커만은 이때의 괴테를 책에 기록해 두었어요.

"평안한 기색이 고귀한 얼굴 전면에 깊이 어려 있다. 시원한 그 이마는 여전히 사색에 잠겨 있는 듯하다."

《파우스트》는 어떤 책일까요?

간략한 줄거리

악마 메피스토펠레스와의 영혼 거래로 젊어진 파우스트는 그레트헨이라는 평범한 여인과 사랑에 빠져요. 하지만 의도치 않은 살인을 저지르고 이별을 맞이하지요. 그 후 파우스트는 넓은 세상을 메피스토와 함께 다니며 유혹에 빠지기도 하고, 다양한 도전과 욕망을 채우기도 하며 살아가요. 그렇게 세상에서 여러 일들을 경험하던 노년의 파우스트가 죽어서 지옥에 빠졌을 때 지고지순했던 과거의 연인 그레트헨이 나타나요. 그녀의 헌신과 기도 덕분에 파우스트는 구원을 받고, 이야기는 결말을 맺어요. 이처럼 《파우스트》는 인생의 청춘기부터 노년기까지의 여정을 통해 삶의 진정한 의미를 깨닫는다는 교훈을 갖고 있어요.

파우스트와 메피스토펠레스의 계약

괴테 소설의 가치

《파우스트》는 1500년에 살았다는 한 마법사의 이야기를 바탕으로 하고 있어요. 괴테 외에도 크리스토퍼 말로, 클라우스 만, 토마스 만, 오스카 와일드 등 많은 작가들

메피스토와 체스 대결하는 파우스트

이 파우스트의 이야기를 작품으로 만들었지요. 하지만 괴테만큼 웅장하고 풍성한 이야기로 만드는 데는 성공하지 못했어요.
지식을 통해 신과 대등한 능력을 가질 수 있다고 믿은 마법사 파우스트가 인간의 욕망과 쾌락을 모두 경험하면서 그 허무함을 깨닫고 자연과 인간의 조화에 눈을 뜬다는 희곡 《파우스트》는 지금까지도 가장 위대한 문학 작품이라는 칭송을 받으며 연극, 오페라, 영화로 많이 재탄생되고 있어요.

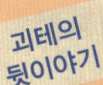

괴테의 뒷이야기

내가 아는 괴테는?

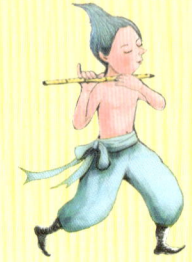

"가장 유능한 사람은 배우기에 가장 힘쓰는 사람이다."

-요한 볼프강 폰 괴테

당시 시민들

"시대의 구원자"

38세의 괴테

18세기 유럽은 기독교의 권위와 신분제에 의한 차별이 심했어요. 신에 대한 이야기는 항상 조심스러운 소재였지요. 현실에 사는 귀족들의 권력은 막강했고요. 그에 따라 교회의 권위와 귀족에게 강요된 도덕적 의무도 매우 높았어요. 올바름과 고상함이 귀족 사회를 지배했어요. 괴테는 이러한 시대에 돌을 던져 파장을 일으킨 사람이에요. 솔직하다 못해 위험해 보이기까지 하는 '자살', '사랑', '살인', '방화', '악마' 등의 이야기를 작품 전면에 내세웠어요. 시민들은 그의 솔직함에 가슴이 뻥 뚫린 듯 통쾌함을 느꼈어요. 자유로운 세계를 꿈꿨던 젊은이들은 열광했어요. 시대와 문화를 바꾸는 것은 정치가가 아닌 예술가의 손에 있다는 것을 증명했지요.

> 프리드리히 빌헬름 니체

"인간적인, 너무나 인간적인 괴테"

괴테가 '매우 진지한 농담'이라고 소개했던 거작《파우스트》는 독일의 '국민 문학' 그 이상의 존재감을 갖고 있어요. 마법사와 악마, 천상계가 나와서 분명 현실의 이야기가 아니라는 것을 알면서도 매우 사실적이었고, 새로울 게 없는 이야기인데도 전혀 새로웠던, 한 마디로 그 무엇과도 공통점을 찾을 수 없는 작품이었어요. 괴테는 지극히 인간적이고, 지극히 훌륭한 인간이라는 말밖에는 설명할 도리가 없어요. 괴테는 하나의 문화였고, 하나의 위대한 사건이었지요.

> 주변 측근들

"질주하는 지식인"

쇼펜하우어

괴테가 죽은 후 약 100년간 괴테의 책과 괴테에 관한 책들이 거의 매주 발행됐어요. 문학 외에 긴 세월 독학으로 깨달은 《색채론》,《식물 변형론》까지 다 합치면 괴테의 저서만 해도 어마어마한 양이었어요.

당시 괴테의 영향이 아니라고 말할 수 있는 것은 하나도 없었어요. 이미 괴테는 독일 그 자체였고, 자연이었고, 교양이었어요. 그뿐인가요? 세상의 모든 남녀들은 괴테로부터 지고지순한 사랑법을 배웠지요. 괴테는 우리들이 더 순수하고 명석하기를 바랐고, 또 서로 깊이 사랑하기를 바랐어요. 사람으로 살아가는 데 있어 됨됨이의 모든 것을 보여 주었지요.

슈타이너

이 책에 실린 도판들

⟨괴테 초상⟩ 요한 하인리히 티쉬바인, 1787년, 프랑크푸르트 슈테델 미술관

⟨양치기 복장을 한 괴테 가족⟩ 요한 콘라트 제카츠, 1760년경, 괴테 박물관

⟨회화의 기술⟩ 요하네스 얀 베르메르, 1665~1667년, 빈 미술사 박물관, 오스트리아

⟨성 필립 네리에게 나타나신 동정녀⟩ 조반니 바티스타 티에폴로, 1740년, 디오체사노 박물관, 이탈리아

⟨아침 식사⟩ 프랑수아 부셰, 1739년, 루브르 박물관, 프랑스

⟨우상을 숨기는 라헬⟩ 조반니 바티스타 티에폴로, 1726~1728년, 우디네 주교궁, 이탈리아

⟨호메로스와 길잡이 소년⟩ 윌리앙 아돌프 부그로, 1874년, 밀워키 미술관, 미국

⟨울프 장군의 죽음⟩ 벤자민 웨스트, 1770년, 캐나다 내셔널 갤러리, 캐나다

⟨괴테의 인터뷰: 에어푸르트에서 만난 나폴레옹⟩ 외젠 에르네스트 일마쉐, 1900년 인쇄

⟨카를 아우구스트 초상⟩ G.M. 크라우스, 1796~1797년, 괴테 국립 박물관, 독일

⟨최후의 만찬⟩ 레오나르도 다빈치, 1495~1497년, 산타마리아 델라 그라치에 성당, 이탈리아

⟨라오콘 군상⟩ 아게산데르·아테노도루스·폴리도루스, BC 175년~BC 150년경, 바티칸 미술관, 로마

⟨화가의 초상⟩ 니콜라 푸생, 1650년, 루브르 박물관, 프랑스

⟨두 발을 적시고 있는 여인과 풍경⟩ 니콜라 푸생, 1650년, 랭스 미술관, 프랑스

⟨목동들이 있는 풍경⟩ 클로드 로랭, 1646~1647년, 팀컨 박물관, 미국

⟨그림자와 어둠: 대홍수 전의 저녁⟩ 조지프 말로드 윌리엄 터너, 1843년, 테이트 갤러리, 영국

⟨빛과 색채: 노아의 대홍수 이후의 아침, 창세기를 쓰는 모세⟩ 조지프 말로드 윌리엄 터너, 1843년, 테이트 갤러리, 영국

⟨모차르트 초상⟩ 바르바라 크라프트, 1819년

⟨베토벤 초상⟩ 요셉 칼 슈틸러, 1820년

⟨파우스트와 메피스토펠레스의 계약⟩ 율리우스 니슬레, 1840년경

⟨38세의 괴테⟩ 안젤리카 카우프만, 1787년, 괴테 국립 박물관, 독일

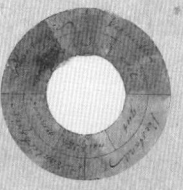

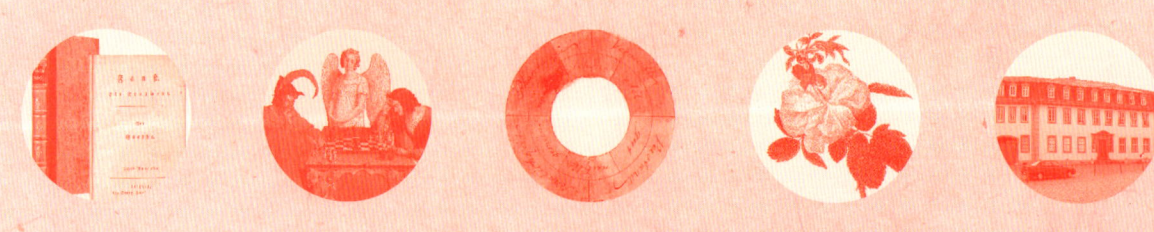